冤罪・警察不祥事と暴対法

シリーズ　おかしいぞ！ 暴力団対策⑤

ヤクザの冤罪と暴排の背景にある警察不祥事　宮崎　学　007

「捜査」の名の下の殺人
警察批判をかわすための暴排
ヤクザを利用して昇進した刑事
「ノルマ主義」という陥穽
予算獲得としての暴力団対策

進行する暴力団排除の背景
帰ってきた〝闇社会の守護神〟田中森一に聞く　聞き手・宮崎　学　019

暴排は憲法違反
ずさんなヤクザ捜査
国民が望む厳罰化
司法から「情」が消えた
検察は獄死させたかった？
獄中で得た「宝」

まずは警察が襟を正せ——無実を訴え続けた「ヤクザの言い分」
二代目東組副組長・二代目清勇会・川口和秀会長に聞く　聞き手・宮崎　学　036
ヤクザゆえの「有罪ありき」
暴排に加担するメディア
「昔過激派、今ヤクザ」

「特定危険指定処分取消訴訟」を提起して　弁護士　松井　武　046
1　はじめに
2　特定危険指定暴力団等の指定（三〇条の八）の趣旨と「おそれ」について
3　警戒区域と「おそれ」
4　指定の効果について
5　最後に

実話雑誌記者匿名座談会
なぜ私たちはヤクザを取材するのか　聞き手・編集部　053
そもそも「実話誌」とは？
記事へのクレームは激減

「暴力団員」とは誰か
相次ぐ実話系雑誌の事実上の廃刊をどう見るか

沖縄は諦めるわけにはいかない
社民党衆議院議員・照屋寛徳インタビュー　聞き手・宮崎　学　069

個人史と戦後史を重ねて生きてきた
原発マネーは自立経済を破壊する
文明の失敗の博物館に
沖縄に残る「ゆいまーる」＝結ぶ心
被差別出身者が権力を乱暴に使うと
「ヤクザをやめたら弁護してやる」
暴対法改定に反対党が初めて登場
沖縄は諦めるわけにはいかない
地元採用の警察官たちは――
地元の名士は郵便局長、巡査、校長先生

第二東京弁護士会・依頼者に「暴力団関係者」でないことを確認　宮崎　学　090
弁護士は何を守るのか

資料編

「暴力団員に人権はない」

暴力団等反社会的勢力でないこと等に関する表明・確約書（個人用・法人用）

警察問題を知るためのブックガイド

「暴力団排除条例」の廃止を求め、「暴対法改定」に反対する表現者の共同声明

我々は暴対法改定成立を認めない

弁護士たちも反対の意思表明

※文中一部敬称略

ヤクザの冤罪と「暴力団排除」その背景にある警察不祥事

宮崎　学（作家）

「捜査」の名の下の殺人

二〇一三年二月、北海道・北見市で道交法違反で逮捕された男が「逮捕直後に死亡していた」と報じられた。

報道などによると、蛇行運転をしていた男の車両を道警が八〇キロほど追跡していたところ、留辺蘂町《るべしべちょう》の交差点で一時停止せずに道路わきの雪山に衝突して止まった。十人の本別署員らが免許証提示などを求めたが、男は車内に篭城し、灰皿を投げ付けるなど抵抗してきたので、刺又《さすまた》で引きずり出し、地面にうつぶせに押しつけて手錠をかけて押さえつけて現行犯逮捕したら、意識がなかったという。

司法解剖の結果では、死因は「窒息死の疑い」。うつぶせに押しつけられた結果、気道が圧迫されて窒息死した可能性があり、道警捜査一課は「署員らの行為によって死亡した可能性がある」として、業務上過失致死容疑などで捜査を開始したと報じられた。

道交法違反でこの騒ぎである。いったい何が起こっているのか。そもそも後ろ手錠はよほどのことがなければかけないはずだ。殺された男は一時間ほど追跡され、さらに一時間車内に閉じこもって抵抗したと報じられている。真冬の緊急走行で緊張感が異常に高まっている状況で、さらに閉じこもられたために警察署員らの苛立ちと怒りが爆発、集団ヒステリーのようになっていたのではないだろうか。

それで思い出されるのは、〇三年に北九州市・小倉で発生した工藤會の組員殺人事件である。小倉の高級クラブ店内に手榴弾を投げ込んで爆発させ、「九人の従業員に重軽傷を負わせた」組員Kを店員らが集団で暴行し、「胸部圧迫で窒息死」させたのだ。

この事件には疑問点が最初から多かった。Kは当初は「舌を噛み切って自殺した」と報じられ、その後にいつの間にか「胸部圧迫で窒息死」したことになっている。これらは警察発表であるので、警察が意図的に情報を操作したと考えるのは容易だ。

その証拠に、遺族には解剖医による所見がなかなか渡されなかった。解剖医は「見たければ小倉署へ」と繰り返して逃げ回っていたが、遺族が従業員に起こした刑事告訴でようやく開示された。告訴していなければ永久に渡されることはなかったのかもしれない。

所見によると、遺体は「顔中が赤黒く鬱血し、首は九〇度内側に折れ曲がり、折れていた」とあった。本当に「胸部圧迫で窒息死」の状態なのだろうか。

さらに福岡県警はKの父親を死亡確認の数時間後に呼び出し、「私の息子はヤクザであり、今回のような結果になったのは自業自得であるので刑事告訴はしません」という調書まで取っていたことが明らかになった。父親は後に撤回を申し出ているが、警察はこういうことだけは手際がいい。

これらのことから推測するに、福岡県警は相当焦っていたはずである。

このクラブのオーナーは町内の暴排の推進者として知られ、同店では事件の前から店先に糞尿がまかれたり、支配人が刺されるなどの事件が多発している。厳重警戒がなされているはずの店内で九人もの被害者を出してしまったのだ。

まさにメンツはまるつぶれだ。なぜ福岡県警はガードできなかったのか。

だが、もっと謎なのは、Kの死因の発表内容を変更したり、解剖所見をなかなか出さなかったり、父親に一筆とらせたりしたことである。

これには、Kの死亡に福岡県警の関係者が関わっていたという説がある。事件直後には、「県警関係者によく似た人がKの首を絞めていた」との噂も流れていた。遺体の状況から見て、それはありえない話ではない。

しかし、仮に警察官が事件に関与していたとしても、爆破犯人を逮捕するための行動なのだから、何も隠す必要はないのではないか。

「もともとヤクザに狙われている店なので、付近を警戒していて居合わせた」（というか警戒していなければおかしい）と言えば済む話である。

何かを必死に隠そうとしているように思えるのは、なぜか。より深刻な事情があったのかもしれない。

また、死亡したKについて、「薬物使用の疑いがあり心臓が肥大していたことが死亡の原因ではないか」との話が一部報道で流れたが、Ｋは柔道と空手の心得がある上に毎日二〇キロ走り、体格も屈強だったというから、これもガセであろう。

いったい何が起こっていたのか。

警察批判をかわすための「暴力団排除」

ここからは、私の推測である。

事件直後、メディアは「暴排運動を進めるクラブのオーナーに対する逆恨み」「善良な市民に向けられた理不尽な暴力」のように報道したが、そうだろうか。むしろ警察がヤクザを挑発していたのではないのか。

事件以前から福岡県警は、地元の接客業者などを動員して「暴力団追放運動」を盛り上げようとしてきたが、成果が上がっていなかった。

地元の業者も、警察主導のデモや集会にはうんざりしているようだ。「ヤクザとケンカしたくないが、警察を敵に回すのはもっとイヤなので」「ヤクザはいいお客さん」「ミカジメ料だけ払っておけばトラブルも起こらないが、警察の場合はタダ飲みを要求してくるわりにトラブルからは守ってくれない」などという声は少なくない。

一方で、福岡県警職員による不祥事は連日のように報道されている。

特に、クラブ襲撃事件が起こる前年の二〇〇二年には、福岡県警カジノ汚職問題が連日のように報道されていた。福岡・中洲のカジノの関係者らから摘発情報を漏洩する代わりにカネを受け取っていた福岡県警の四名の警察官の問題である。四名が業者から受け取った賄賂の総額は、立件された分だけでも三千万円を超えていた。

当時はカジノ汚職以外にも交番勤務の警察官の無免許運転や、技術職員のわいせつ行為などが相次いで発覚、福岡県警の監察官室は相次ぐ不祥事の調査に追われ、一日に二回も記者会見をして頭を下げなくてはならない日もあった。当時の柳沢昊県警本部長は「ウミを出しきる」と表明したが、十年後の現在もウミは出続けているというわけだ。

世間の批判をかわすためには、どうすればいいか。福岡県警は、自分たちよりも「もっと悪い奴に注目させろ」と考えたようだ。子どもじみているとしか言いようがないが、そもそも子どもっぽいことばかりするから不祥事がなくならないのだ。

工藤會を「悪者」にするために不用意に刺激し、店を襲撃させたら実行犯を死なせてしまった。裏で糸を引いていたのが県警とわかったら、どうなるだろう。

県警がひたすら事実を隠そうとするのは、そのためではないかと考える。

そして、そのような子どもっぽい手法を未だに取り続けているから、福岡県警の不祥事が減らないのである。

行き過ぎた暴排には、それなりの理由があるのだ。

ヤクザを利用して昇進した刑事

もう一つ、広島県の例から警察不祥事と暴排との関係を考えてみたい。

一言で警察不祥事といっても、裏金や冤罪のような組織的な犯罪、痴漢や強姦など個人的な犯罪まで、いろいろなケースがある。ただし、個人的なようでも組織の力を悪用していることがほとんどであろう。

二〇一一年三月、ある男が「広島県警の警官の犯罪行為に協力させられた」として、同県に慰謝料三百万円を求める国家賠償請求訴訟を大阪地裁に起こした。

男は、神戸市内のテレクラ放火事件で殺人などの罪に問われていた。訴えによると、男は一九九三年頃から二〇〇五年頃にかけてある組織の幹部を通じて知り合った広島県警の川崎進警部補（肩書は当時・現在は警部）から、捜査情報提供の見返りとして贈賄や饗応、拳銃の提供などをさせられた。

男は、「警部補は過去も現在も何の処分も受けていない。自分は逮捕される危険があった」と主張している。

提訴の記者会見で男の代理人は、「警部に対して広島県警本部長が懲戒権限等を行使しなかったことにより、九三年から逮捕される〇五年まで約十年にわたって川崎から捜査情報の開示と引き換えに贈賄やヤラセ捜査の協力を求められ、逮捕の危険性を強いられることで多大な不利益を被った」とし、「現職の警察官でありながら金銭や饗応のもてなしを受け、その見返りとして捜査情報等を漏洩するという行為を続け、さらには拳銃のヤラセ捜査にも協力させ、犯罪摘発を偽装していた」と説明している。

これらの事実は県警側も把握していたはずだが、何らの対策を取っていなかった。

男の主張は、「かりにもっと早い段階で川崎の処分が行われていれば、違法行為に協力することはなかった。違法行為を続けるよう仕向けられ、自身の逮捕後も警部が何らの処分を受けていないことに精神的苦痛を受け」ており、この苦痛は「法律の手続きにのっとり慰謝されなければならない」ということだ。

代理人は「刑事被告人による提訴という異様な訴訟だが、警察の『闇』の部分にメスを入れていくことは普遍的な問題。贈収賄は物的証拠もなく、裁判は簡単ではないが、一つずつ事実を積み重ねて、粛々と進めてく」と述べている。

「ノルマ主義」という陥穽

男が提訴した川崎警部は過去に二度にわたって拳銃のヤラセ捜査をめぐって国賠を提訴されているいわくつきの人物である。

「川崎を含む広島県警と私は長期にわたって、ある種『持ちつ持たれつ』の関係でした。しかし、広島県警側がなぜか突然その関係を一方的に壊し、私に対してのみ責任を押し付けようとした行為について二重、三重の意味で怒りを覚えました」

提訴した一人は記者会見でこう述べている。

また、川崎は五代目共政会・守屋輯《あつむ》会長の逮捕にも深く関わっているとされる。

守屋会長は、解体業者に対する恐喝で五代目襲名から二カ月後の二〇〇四年六月に逮捕されたが、当時の報道によれば共政会のトップが逮捕されたのは八二年の故・山田久三代目会長以来二二年ぶりのことである。中国新聞は「暴力団が公共工事に食い込む実態の根深さが明らかになった」と大騒ぎであった。ちなみに家宅捜索の様子も大きく報道されたが、組事務所から次々と運び出される段ボールには「紙切れの一枚も入っとりゃせんよ」（関係者）との話もある。

川崎はこの逮捕劇の立役者との噂もあった。県警での評価は高いだろうと思っていたが、実はそうでもなかった。拳銃のヤラセ捜査を行なったとして二件も裁判を起こされ、県警内部では微妙な存在らしい。裁判では県警内部から川崎に不利な証言をする証人も出廷している。

守屋会長の公判では、弁護団の健闘ぶりが雑誌などで報じられていたが、「検察側の立証は五〇パーセントで足り、弁護側の証拠は二〇〇パーセント用意しないと勝てない」という昨今の「定石《じょうせき》」どおりに有罪判決が確定した。

もっとも守屋会長は十件の起訴事実をすべて否認し無罪を主張し続けたのだが、そのわりには懲役一二年の求刑に対して七年の一審判決が最高裁で確定している。検察側は量刑不当で控訴したが、この量刑はせめてもの裁判長の良心なのかもしれないと思った。ちなみに、一審判決直前の二〇〇八年二月二六日には組長の使用者責任を明記した暴対法改定案が閣議決定されている。これにより山口組組長などが多額の損害賠償請求訴訟を起こされている。

こうした川崎警部の「暴走」には、「平成の刀狩り」と言われた九三年の銃刀法改定の異常なまでのノルマ主義が背景にあったことは間違いない。なぜ九三年に急に厳しくなったのかは諸説あるようだが、同じ年にアメリカでブレイディ法が成立、銃規制が厳しくなっているので、その関連かもしれない。だが、日本国内では國松孝次警察庁長官狙撃事件や八王子スーパー強盗事件（いずれも九五年）など銃を使った凶悪犯罪はむしろ規制強化後に起こっている印象がある。

つまり、平成の刀狩りは奏功しなかったのだ。

そもそも規制を強化したところで、そう都合よく銃など摘発できるわけがない。

そのために自ら拳銃を持って自首すれば罪を軽くしてやるという自首減免制度（銃刀法第三一条の五）が効果を発揮する。押収件数を水増しするケースが全国的に激増したのだ。

最も目立っていたのは「首なし拳銃」の摘発である。あらかじめ駅のコインロッカーなどに拳銃を入れておき、匿名の善意の通報者を装って通報するのだ。これによって飛躍的に全国の警察で拳銃の押収件数が増えた。

だが、これには読売新聞までが「『押収件数を稼ぐために、暴力団と取引しているのでは』との危惧も生じている」（〇二年一月二三日付け）と報じているほどうさんくさいものだった。また、日本では禁止されている司法取引的な手法も問題になった。埼玉県警川越署では、「元暴力団員」が拳銃を持って自首するのを条件にその妻の覚醒剤使用をもみ消した一件が国会でも問題になった。他にも「銃器対策のエース」と呼ばれた北海道警警部が自ら覚醒剤使用に堕ちてしまった例などもある。

すなわち全国的に警察の違法捜査が蔓延していた（いる）のだ。一九九九年に警察の不祥事が一気に報道されたが、その下地として九三年の銃刀法改定などの無理な捜査ノルマへの不満が警察内部にあったことは間違いない。

広島県警を訴えた男は、国賠提訴にあたって獄中から手記を発表しているが、川崎警部も違法捜査を行う一人であったことを指摘している。

「何の力も無い私達アウトローが生きてゆくためには情報が必要だったたからで、川崎刑事から捜査情報を得るために付き合いをし、拳銃の摘発にも協力し、お金や飲食のもてなしをしてきたのです」

これは間違っていないと思う。生きていくために何でもやるのがアウトローなのだ。正義を掲げておきながら汚いことをする警察のほうが問題である。

男と川崎との「関係」が法廷で明らかになることで、広島県警が浄化されることを心より祈っている。

予算獲得としての暴力団対策

警察庁は二〇一三年三月七日、暴走族ＯＢが中心の「関東連合」と中国残留邦人の二世などで構成される「怒羅権《ドラゴン》」のいわゆる「半グレ集団」を「準暴力団」とし、情報収集と取り締まりの強化を推進するよう全国の警察に通達した。関東連合は〇三年に解散届けを警視庁に提出しているが、その後も「ＯＢ」らが歌舞伎役者暴行事件や傷害致死事件を起こすなどメディアを騒がせている。

彼らはヤクザのような上下関係や厳しい規則もなく、締め付けが厳しくなった暴力団に代わって注目を集めているわけだが、目新しい存在というわけでもない。

半グレという言葉そのものは新しいが、戦後のＧＨＱによるヤクザの排除の結果として「愚連隊」と呼ばれる若者は多数存在していた。中でも万年東一《まんねんとういち》や加納貢《かのうみつぐ》、安藤昇などはスター的な存在であった。

暴力団排除を進めたところで、形態を変えて新しいアウトローが登場するだけだ。半グレも愚連隊に比べれば新しいが、その存在は以前から知られていた。

なぜ今「準暴力団」なのか。

もちろん警察の予算獲得策である。二〇一三年度予算でも警察庁は五百人を超える増員を行い、そのうち百人を福岡県警に配置するとしており、さらに全国の暴力団対策費として前年比約二割増の六・八億円を要求している。

また、予算だけではなく、企業に天下りを受け入れさせる理由ともなる。

だが、犯罪は刑法や関連法で取り締まればよいのであって、このような線引きは意味がない。取り締まっても次々と新しい形態のアウトローが出てくるだけだ。関東連合も解散届を出して以降の「OB」の事件の方が目立っている。重大犯罪を「元暴力団員」が起こすのと同じことであろう。

「暴力団対策」「準暴力団対策」と言えば反対する人間は少ないが、その裏に何があるのかを見極めてもらいたい。※新潟県警雪見酒事件／二〇〇〇年一月に起こった新潟県警による「警察庁幹部の高級温泉旅館での雪見酒・麻雀接待」と「大事件の放置」問題。不祥事の多発を受けて警察庁は九九年一二月から「特別監察制度」を発足させたが、これがアダになった。この制度は、本庁と管区ごとに警察局の幹部が直接都道府県警に出向いて不祥事対策などをチェックするものだった。監察を受ける立場の小林幸二・新潟県警本部長（警視監）らが、監察に訪れた警察庁幹部の中田好昭・関東管区警察局長（警視監）らを温泉旅館で雪見酒と麻雀の接待をしている最中に、柏崎市内で十年近く監禁されていた少女が発見された（肩書きは当時）。監察担当者を税金で豪遊接待したことに加え、少女の発見後も麻雀を続けており、それをごまかすためのウソの記者会見までしていたことで、国民の批判を浴びた。

※埼玉の女子大生殺人事件／九九年一〇月、元交際相手が雇った男らに女子大生が殺害されたいわゆる桶川ストーカー事件。女子大生は事前に家族とともに埼玉県警上尾署にストーカー被害の相談をしていたが、「軽微な犯罪」として真摯に受け止めず、事件後には調書を改ざんしていたことも明らかになった。この事件をきっかけに〇〇

年一一月にストーカー規制法が施行されたが、その後も北海道・函館（〇七年一一月）、東京・新橋（〇九年八月）、長崎・西海（一一年一一月）、神奈川・逗子（一二年一一月）などストーカー殺人は後を絶たず、いずれも警察の不手際が問題になっている。

●みやざき・まなぶ
一九四五年京都生まれ。早稲田大学在学中に日本共産党のゲバルト隊長として名を馳せる。雑誌記者、実家の解体業経営などを経て、その激動の半生を綴ったデビュー作『突破者』（南風社・九六年）がベストセラーとなる。近著に『橋下徹現象と部落差別』（小林健治氏との共著、にんげん出版・一二年）、『ヤクザに弁当売ったら犯罪か？』（ちくま新書・一二年）、『「自己啓発病」社会』（祥伝社新書・一二年）など。

進行する暴力団排除の背景
帰ってきた〝闇社会の守護神〟田中森一氏に聞く

聞き手・宮崎　学

暴排は憲法違反

宮崎　約五年間の刑務所生活、お疲れ様でした。（塀の）中では癌も患われたそうですね。

田中　胃癌で胃を切りました。入るとき六七キロあったんだけど、最高に痩せた時が四〇キロだったから、二六キロ減ったんです。今は五五ぐらいまで戻りましたけど。

宮崎　今ぐらいが一番いいんじゃないですか？

田中　そうですね。しかし、まぁ地獄の底の底まで見てきましたよ。まさか刑務所の中で癌になるとは……。

宮崎　よく見つかりましたね。

田中　たまたまでしたね。これも本当に運が良かったんです。中では毎年バリウム検査に当るわけじゃなくて、だいたい三年に一回ぐらいなんです。その年に回ってなかったらもうアウトだもの。翌年

だったらもうアウトでした。

宮崎　転移していますからね。

田中　だからそういう意味ではついていたと思って。外におったらダメだったでしょう。検査なんかしてませんでしたから。あとは抗癌剤もしんどかったです。でも、中にいて何もすることがないから飲めたけど、外ではムリですね。だから、かえってよかったかもしれんと思っております（笑）。

宮崎　そうですか（笑）。田中さんが不在の五年の間にも、検察や警察、裁判所はどんどんひどくなってきています。暴力団排除の強化もその表れですね。ただ、この「ひどさ」というのは、強い権力としての「悪質さ」ではないような気がします。

何と言いますか、僕はむしろ弱くなっていると思っているんです、明らかに。捜査能力を含めてね。そういう点で、田中さんが見ておられたかつての検察、警察と、出所されてからのありようはいかがでしょうか。田中さんはずっと検察という権力の内部から権力を見て来られたけど、その後に弁護士になられてからの方が客観的に見ることができたのではないかと思っています。

田中　変化というか、僕もまだ出てきたばかりでよくわからないところはありますが、メディアを通じて見る範囲では、やはり「暴排はやり過ぎ」と言う印象ですね。

現在は、ヤクザの存在そのものを否定しています。さらに「密接交際者」とかいって一般人まで処罰しようという方向に向いてきている。でも、それはやっぱり憲法の精神からするとおかしい。

日本の憲法というのは、自分を破滅させる道、思想であっても保障しているわけです。自己破滅の思想でも保障する憲法であるのに、なんでヤクザに対してだけは存在そのものを否定する厳しい方に向かうのだろうか。だから、僕は今向かおうとしている暴対法は、やっぱり憲法の精神に反するおそれがあるんじゃなかろうかと思うよ。やり過ぎだと思うよ。まだよくわからないけど、そんな感じがしますね。

ずさんなヤクザ捜査

宮崎　検察官と弁護士では仕事が正反対ですよね。検察官は「死刑だ」と言い、弁護士は「無罪だ」と言う。両方を経験され、懲役を経験される前後とでは、ヤクザに対する考えはどうですか？

田中　検事時代は、ヤクザの事件はほとんど経験してないんです。特捜部ではそういう事件は扱いませんし、地方の検察もほとんどありません。警察がだいたいやってしまうからね。

宮崎　では、ヤクザと関わるようになったのは、弁護士としてヤクザの弁護人をされるようになってからですなんですね。ヤクザの捜査は、弁護士としてどのように見られていましたか？

田中　それはもうひどいものでした。開業してまもなく、ある大組織の親分の賭博事件を手がけたんですが、矛盾だらけでね。「これなら無罪を取れるんじゃないか」と思えるほど杜撰だったんです。それで「ここはおかしい」「ここもおかしい」と矛盾点を指摘していったら、懲役五年の求刑に対して懲役三年で執行猶予がついた判決になったんです。大物のヤクザの裁判でこれはありえない。まあ、

今は無理かもしれません（笑）

宮崎　その事件は、僕も聞いています。やはり捜査四課はだめですね。賭博は現行犯が普通なのに、その事件はだいぶ時間が経っていましたよね。

田中　そう。半年だか一年だか過ぎてから上がった事件なんです。しかも賭博といっても、親分の別荘でマージャンをやったというんですが、その場に親分はいなかったんです。でも「仕切っていたから」と逮捕されています。

しかし、現行犯でないうえ、その現場に本人がいなかった。「共謀」なんか成立しませんよ。

国民が望む厳罰化

宮崎　ヤクザの事件は、本来なら起訴できない事件でもどんどん起訴しているんですよね。さらに、最近はヤクザに関する刑事事件は厳罰化が進んでいる印象があります。これはヤクザに限った話ではないんですけど、法律家として、今の厳罰化傾向はどう見ておられます？

田中　まずは一般の事件に対する厳罰化傾向というのがあるように思いますね。僕はやっぱり裁判員裁判の結果じゃなかろうかなと。それから、ヤクザに対する厳罰化は、警察庁が国策として力を入れて検察庁もそれに協力している印象があります。山口組若頭の公判の求刑を見てもわかるじゃない。四〇〇〇万円の恐喝で八年の求刑は、ちょっと重すぎるように思います。

宮崎　滅茶苦茶ですよね。

田中　八年というのはちょっと考えられんような長さです。量刑の相場から言って恐喝なら前科があって悪質だったとしても三、四年でしょう。

宮崎　倍以上ですね。

田中　かつてはヤクザ関連の事件は、被害者救済のためにヤクザをやっつけようと、被害者を中心に考えていたんですよ。それが今ではヤクザを処罰することが第一で、重点がそっちへ移っているようです。それが結局厳罰化につながっているというような感じがしますね。

宮崎　そうですね。それに裁判員制度も問題ですよね。市民の意見を司法に反映させるという考えが、ある種当たり前のように言われているんですけれど、実はそれが危険なんだと僕は思うんですね。やっぱり法律のプロが、法律的に判断して出す結論と、法律の素人が感情論を優先させて出してくる結論とでは自ずと違うと思うんですよね。

田中　それはやっぱり違ってくると思いますね。やっぱり素人が入ってくるとね、どうしてもその被害者感情というものが優先されて、昔の「仇討」と同じような発想になってくるんですね。

今は司法も暴走していますが本来であればプロがやれば、自分らは要するに国民の代表である公益の代表だという公共性を中心に考えるから、客観的な量刑で判断でもされる。ところが裁判員裁判になるとどうしてもやっぱり感情的になる。だから、びっくりするぐらい厳罰化されている。

宮崎　結局、厳罰化を望んでいるのは、権力ではなくて国民なんですよね。今では客観的であるべき裁判所も世論に引きずられて被害者感情を優先しています。だから、犯罪は減っているのに刑務所はいつも満杯なんですよ。なかなか出られないから。

話が戻りますけれども、ヤクザの量刑を判断する上でも「ヤクザは国民なのかどうか」を考えなくてはならないと思うんです。国民と認めるのであれば国民としての権利も義務も認めなければいけな

い。でも、今の司法は国民ではない、だから不当な量刑でもいいんだという方向でしょう。だとしたら何でもできることになりますよね。

田中　それは今でも理屈の上では国民ということになっていますよ。でもね、実際に捜査している側は腹の中では国民とは思ってない。それは僕が検事をしているときもそういう感覚はあったよ。

宮崎　そうでしょうね。

田中　「なんであんな奴らに人権があるんや？」と、そういう感覚で取り調べをしているんだから。今はそれがもっと酷くなっていると思います。

宮崎　当然ながら判決も検察の主張そのままですからね。デュー・プロセス（法の適正手続き）なんか無視して。

田中　そうそう。マスコミの責任もあるんだろうけどね。とにかくね、ヤクザ＝（イコール）悪なんですよ。ではなぜ「悪」がいるのか。それには意味がある。言わば必要悪なんです。二人で『必要悪』（扶桑社・〇七年）という本を出したよね。

　でも、今は必要悪なんてものを認めるような考え方は全くないでしょう。ヤクザは悪で直ちに殲滅すべきという考えでやるからさ、どうしてもマスコミも煽るようになる。裁判員裁判も「とにかく厳しくやっておけばそれで世論が納得する」というような考えだからね。今後は余計厳しくなってくるんじゃないですか。

宮崎　世論が全てを決めて行くということであれば、もう裁判所は要りませんよね。世論調査をすればいいわけだから。

田中　そうそう。今はもう特にそういうような風潮になってきています。

司法から「情」が消えた

宮崎　厳罰化と、もう一つの特徴としてヤクザ幹部の微罪逮捕があります。最近のヤクザの幹部が捕まった事件を見ますと、ほとんどが形式犯なんですよ。たとえば銀行で口座を開設してキャッシュカードを作った時に職業欄に「ヤクザ」と書かずに「会社員」と書いたことを詐欺とされたことがありました。被害金額はカードを発行した手数料で四〇円。でも、詐欺だから一人前の刑が打たれるわけです。

田中　ひどいもんですね。ヤクザを処罰するためには、何でもアリなんですね。やっぱり法の運用というものは一定の社会常識というものが要求されるじゃないですか。ヤクザに対しては、そういうものが何にもない。今の四〇円もそうですが、ホテルに泊まったり、ゴルフ場を使ったりするのに本名でないとダメとか、おかしいですよね。いい悪いは別にして、本名を使わないで宿泊する人なんかいくらでもいますよ。

宮崎　芸能人とか不倫のカップルとかね。

田中　そう。それを「ヤクザだから」ということでヤクザだけそんなものをボンボン処罰するのは、やっぱりおかしいです。最近のヤクザに対する警察の捜査の仕方というのは、僕たち常識的に見てやっぱり度を超しているなと思う。

僕が弁護士時代に担当した事件で、ヤクザがマンションを買うのためにローンを組んだ時、職業欄に「ヤクザ」と書かなかったというのがあったんですけどね。

宮崎 ヤクザは職業じゃないし（笑）。

田中 うん、何と書けばよかったんですかね。ヤクザであることを隠したのがけしからんと。

宮崎 「自由業」とかだと、ローンの審査が通るかどうか……

田中 通らんからね。僕は銀行に「書類を書くときは本人に確認して書かせているんや ろ？」と聞いたわけ。その時に指を詰めてたり、ヤクザっぽい格好だったりしてれば、わかるじゃないですか。「あんたら、今頃になってヤクザ、ヤクザと言うけれど、指を詰めていることぐらい本人に確認してないのか」と。

宮崎 絶対に銀行はわかっていますよね、「こいつはヤクザやな」と。

田中 そう。でも裁判所では銀行なんてみんな嘘をついて「知りませんでした」「騙されました」って言うけど、こういうのは全部警察が作って言わせているんです。被害者の真の供述じゃない。だから、最近でも事件になっているのは全部被害者に嘘をつかせたり、事実を故意に拡大して、違法性を帯びるような供述にして、無理に事件化しているものです。

宮崎さんの話にあったカード詐欺もね、ありのままを調書にしたら事件になりません。だから無理に悪く書いてね、違法性を帯びるような供述にして事件を作っていく。だから実体とはかなりかけ離れている。

宮崎　そうですね。「司法」と「人情」というのは、僕はやっぱり関係していると思うんですよ。人情味のある司法の運用がなされた場合、悪いことをした人間は反省しやすいし、被害に遭った人も理解しやすいと思うんです。罪を憎んで人を憎まずというか、本当の司法の在り方の原点に戻れると思うんですけれども。カード詐欺なんかは、人情味を全部抹殺してしまったような司法の在り方ですよね。

田中　そのとおり。僕は出所してすぐに「論語」の塾を始めたんだけど、そういう話をしているんです。情が大切なのだと。法律に血や涙を注ぎ込むような情のある司法官が今はいなくなっていますよね。

宮崎　人情がないとダメなんですね。

田中　僕は刑務所に入って、しみじみとそれを感じた。毎日、三〇分間の体操があるんだけれど、その体操の時間は言わば自由時間で、みんなと話してもいいんです。他の刑務作業の時間などは絶対に喋ったらいかんのだけどね。

その三〇分の間にみんなと喋ると、九割以上の人が自分の判決に不服を持っているんです。それは取調べに対する不服であり、判決に対する不服なの。ということは、その事件を処理する過程において、やっぱり被疑者の言い分に捜査官も裁判官も耳を傾けてない。

つまり血の通ったものではないんです。情が無いから、みんながその判決に不服なんですね。だからその受刑者の九割以上が「自分の事件は冤罪だ」みたいなことを言うわけよ。

そりゃもちろん冤罪というと、ちょっと違うというか、冤罪そのものの定義付けも知らないような人たちなんだけど。でもとにかく判決に不満を持っているわけです。そうするとね、私もちょっと考えちゃいますよね。

「何十年と検事と弁護士をやってきたのに、いったいワシらの仕事は何だったんだろう」と。だって、みんなが不服を持ったまま刑務所へ送っているわけですよね。そうすると、反省がないんだから再犯するの当たり前ですよ。

そうすると、やっぱり捜査の段階、裁判の段階で、もっと血の通った納得のいく過程を経ないと再犯も防げないし、反省させるようにはなりません。

ところが、今は情のない、血の通わない法律の運用になっているからね、そういうように判決に不服を持っている人ばかりになる。

僕は刑務所の中で実際にそういう人たちを見てきたから。それで今まで自分のやってきたことが何か虚しく感じましたよ。

宮崎　一九五五年をピークに殺人などの凶悪事件の発生件数は年々少なくなってきているにも関わらず、警察庁は人員を増やし続けています。今や経理などを含めれば二九万人を超えていますね。これには不祥事対策とかEU諸国に比べて警察官一人当たりが守る国民の数が少ないとかの屁理屈があるようです。ヤクザの抗争も減っているのに、こんなにいらないだろうと。

田中　アンバランスやね。

宮崎　終戦直後のように非常に治安が乱れた時代であれば、警察のような組織がそれなりに対処するのは当り前のことなんでしょうけれども、今は少なくとも表面的には平和で事件も少ないのに、警察権力は肥大していることに疑問を感じますね。

田中　たしかに今の警察が向かおうとしているのは、「対ヤクザ」だけの問題じゃなくて、何か変な方向に向いているなという感じはしますね。

だから、減少傾向にある犯罪を取締まる権力だけが肥大化して、憲法の精神に反するようなことまでやっているのは、やっぱりいかがなものかと思うね。

宮崎 田中さんが検事をされていたバブル期前くらいはね、僕もそれなりに情のある刑事とか検事のことを耳にしたことがあるわけですよ。逮捕（パク）られる方も、「あの刑事、あの検事に言われんなら仕方がない」と納得したんですね。

田中 そういう人も多かったよね。出世はしないけど叩き上げで取り調べだけは上手くて、相手の心を摑める刑事はいた。そういう人がだんだん少なくなってるね。だから、「暴力団はダメだ」とか言って無理に次々と犯罪者を作っていくというような傾向になっている。警察や検事だけじゃなくて、やっぱり社会全体で良心的な人というか、そういうのが育ちにくいようになっているんだと思います。

検察は獄死させたかった？

宮崎 法律家として、ご自身の事件や裁判の経緯に関する考えはどうですか。

田中 逮捕の時も再逮捕の時もね、僕は最初は納得せずにもちろん法廷で闘ったんです。しかし、再逮捕の判決でね、やっぱり自分も脇の甘さというか、反省すべき点があったんじゃなかろうかと思ったのです。

そして、確かに検察の仕打ちは酷いけれど、検察や相手を恨んでみたところで、恨みからは何にも出てこないんだから、とにかく前を向いて生きて行こうと考えるようになってきました。

たしかに最初のうちはね、恨みもあって「よし闘ってやろう」と張り切ったのだけれど、癌を患ったりしたこともあって。そこからやっぱり「恨みでは何にも出てこない」と、だんだん考え方が違ってきたんです。

とにかくそういう恨みの感情を一旦捨てようと。自分も悪いところがあったんだから、そういうものを全部捨てて、前を見て生きたいと考えるようになった。それで結局、改めて「論語」で生きていこうと考えるようになったんです。

塀の中で、自分の考え方もだいぶ変化したんですね。

宮崎　少し前に小沢一郎さんにインタビューさせてもらって、いろんな話をしました。彼は権力の中枢に居たわけですよね、ずっと。今は降りていますが、権力の中枢から見た検察と、起訴された時に見た検察の差がやっぱりあると言うんですね。

田中　なるほど面白いね、それは。そうでしょうね。

宮崎　彼はね、権力の中枢にいた時は検察を舐めていたんです。検察の幹部だって、小沢さんが使っている側だから。

ところがですね、自分に向かってきたときは物凄く牙を剝いてきた。彼はこれを理解できなかったそうなんです。

田中さんも検察官のことはよく知っておられるじゃないですか。あいつがどんな奴だとか、こっちの癖が悪いとかということも……。

田中　そうですね。よく知っています。でも、収監中に再逮捕されるとは思わなかった。「まさかここまでやるとは」と。だから、高を括っていたわけ。

もちろん収監前から再逮捕の噂はあったんです。「入ったら、すぐに逮捕される」と言われても、こちらとしてはそんな馬鹿なことがあるか、と思っていました。「検察のやり方を一番よく知っているのは俺で、俺が判断をするんだから、そんなことはあるわけない」と。でも、マスコミはみんな知っていたんです。

宮崎　何年も前のことですよね。依頼者からの預かり金を詐取（さしゅ）したと……

田中　そうです。やるんだったら、前にやってるはずなんです。だから、できるわけがないと思っていました。

ところがやっぱり、小沢さんの事件と一緒で、蓋を開けてみたらえらい違いでね。それはびっくりしましたね。ある人からは、「検察は田中を獄中死させようとしているなと思った」と言われましたよ。

宮崎　私もそう思いました。私も経験者ですが、逮捕そのものは覚悟している奴が多いわけですよ。逮捕そのものはね。でも再逮、再々逮捕というのはですね、精神的には相当なダメージがありますね。

田中　いやぁまいりましたよ。最高裁で刑が確定してね、（〇八年三月三一日に東京高等検察庁に出頭して）東京拘置所に収監された直後だったからね。

ホンマに血尿というのをそのとき初めて経験したんです。その後に胃が痛み出しました。それが胃癌の直接の原因とは言わないけれども……。それから二年余りずっと胃が痛かった。だからよっぽストレスだったのだと思います。自分では意識していなくても、相当参ったんだろうね。だから、小沢さんが言うように、それは大変なことなんです。

その後に胃の検査で引っ掛かって、胃癌とわかったんだけど、この再逮捕が遠因になっているかもしれないとは思います。

宮崎　小沢さんだって、自民党時代に田中角栄や金丸信の裁判を経験しているでしょう。だから、頭の中では検察がどういうところかわかっているはずだったんですね。

田中　でも、当事者にならないとわからんことがあるからね。

宮崎　そうなんですよね。「まさか俺のところに」という驚きがあったみたいです。

田中　あったでしょうね。

宮崎　それに、再逮捕、再々逮捕というようなものは、その人の人間性を破壊しようというような考えが一方で確実にありますね。田中さんの場合も、「田中森一を潰せ」という検察の意図を感じましたね。

田中　うん、そうじゃなかったら、収監の翌日、逮捕なんかしますかね。

宮崎　「ああ、やりやがった」と思った。

田中　それで、両手錠に腰縄で東京から大阪まで車に乗せられて……

宮崎　車だったんですか。

田中　車で六時間半くらいですね。東京拘置所を出たのが朝の六時で、大阪拘置所に着いたのが昼の一二時半、一時ちょっと前でした。ずっと手錠ですよ。そりゃしんどいです。精神的にも参りますよ。

それで、大阪に着いたらすぐ逮捕だから。目の前が真っ暗になりました。そのときは、ほんまに、「この先どうしようか」と……何にも考えつかなかった。

宮崎　私のように学生のときに左翼運動の経験がある人間は、「権力とはひどいものだ」という勝手な思い込みがあって、変に身構えているところがあるんですけれども、田中さんはその権力の中にいらっしゃって、わかっているから余計堪えたと思うんです。

田中 そう。まさかそこまでとは。完全に自信を持っていたのが、逆転したわけだから、それは凄いショックだったですね。

宮崎 酷いな、本気で潰す気だったんですね。

田中 それはやっぱりそういう考えがあったんでしょうね。もう徹底的に田中をここで潰せというね。そうじゃなかったら、あんなやり方しませんよ。

だって、あの事件は三年も四年も前のことで、ずっと取っておくというのは普通はないんです。だって、一年以上処理しなかったら部長の評価に関わるから、処理しろとうるさく言ってきますよ。それを何も私が入るまで待つ必要ありますかね？　外に居るんだから、いくらでも調べたらいいじゃないですか。

こんなものは詐欺にはならんということはこっちにはよくわかっているから、「来るんだったらいつでも来んかい」と思っていました。

宮崎 この時のためにとっておいたんですね。

田中 そう。だいたい「逮捕だ」って騒いだあとは、取り調べなんかなかったしね。毎日五分くらい座ってるだけでね。こっちが喋らんことは向こうもわかっているから、調べはしないんです。最初から逮捕、起訴そして有罪ありきで、私の弁解なんか聞く気はありませんから、どうしようもない。二回目の逮捕の時は、断腸の思いで控訴を断念しました。何をやっても無駄だろうとね。

獄中で得た「宝」

宮崎　受刑中にはどんな本を読まれましたか。ずいぶん読んだでしょう？

田中　本はね、おそらく、二千冊ぐらい読んだと思います。よく読みました。出所したら塾を開こうと思っていたので、やっぱり「論語」関係を中心に中国の古典が多かったですね。それと浦島太郎にならないように、できるだけ新刊も読んでいました。おかげさまでいろんな人が本を差し入れてくれてね。なにせ時間は十分にあるわけだから。でも出所したら、もう全然読む時間がなくて困っています（苦笑）

あとは、出所後の出版も考えていたから大学ノートに五十冊ぐらい書いています。これはもう宝です。これを少しずつ世に出していこうと思っている。

宮崎　なるほど。論語関係以外では何がおもしろかったですか？

田中　「論語」以外では、「菜根譚」（中国明代末期の人生の指南書）とか、日本のなら江戸時代の「言志録」（佐藤一斎の語録「言志四録」のうちの一冊）、あとは西郷隆盛の本とかね。なるべく自分を磨いて、そして、出たら少しでも社会の役に立とうと思っていました。

もう弁護士としては役にたたんわけだから、心の面で少しでもみんなの役に立てたらと思って、その勉強を一生懸命にしたんです。

だから、獄中の五年間という時間はほんまに有り難かったと思っています。宝みたいなものですね。なかなかそんな時間は外では作れません。

宮崎　しかし、なぜ田中さんは、ここまでやられたんでしょうかね。やっぱり「検察の恥部を全部知っている」と思われているから、煙たい存在なんでしょうね。

田中　うん、爆弾を持ってると思われているんだろうね。

宮崎　依頼人が起訴されないように担当検事とかけあったりしていることが「脅している」というふうに取られたのかもしれないですね。

田中　そう、起訴というか、もう調書を作られたら仕舞い。だからそれまでが勝負なんです。

宮崎　「起訴前弁護」ですね。

田中　そう。ところが普通の弁護士はなかなかそれができない。

宮崎　起訴されるのを待っていますからね。

田中　そう。その方がまた金になりやすい。起訴前弁護では、報酬は五分の一ぐらいしか貰えないんです。裁判になってからだったら満額取れますけど。だから、普通はやらない。依頼人にとっては起訴されない方がいいんですけれど。まあ、いろんなことがありましたね。

宮崎　大変でしたね。改めてお疲れ様でした。

田中　大変だったんですけど、まだやることがたくさんあります。これからです。

◉たなか・もりかず

一九四三年長崎県生まれ。岡山大学在学中に司法試験に合格、七一年検察官任官。大阪地検特捜部、東京地検特捜部などを経て八七年弁護士に転身。二〇〇〇年に手形詐欺事件の被疑者として東京地検特捜部に逮捕・起訴され、〇八年に有罪確定。さらに収監中の〇九年に依頼者からの預り金詐取の疑いで起訴され有罪確定、一二年一一月に出所。ベストセラーとなった『反転―闇社会の守護神と呼ばれて』（幻冬舎、〇七年）ほか著書多数。

まずは警察が襟を正せ――無実を訴え続けた「ヤクザの言い分」

二代目東組副組長・二代目清勇会・川口和秀会長に聞く

聞き手・宮崎　学

ヤクザゆえの「有罪ありき」

宮崎　川口さんの事件※については、一般市民の間にも冤罪を疑う声が多く、関連書籍も何冊も出版されていますね。

川口　ありがとうございます。私の事件は、いわば「ヤクザの使用者責任」第一号でした。

宮崎　ヤクザの場合は、最初から「有罪ありき」ですからね。でも、川口さんが起訴された八九年頃は、まだ世間も少しはゆとりがあったようで、一般の支援者も多かったですね。あれはすごいなと思っていました。支援を呼びかけるホームページもありましたよね。

川口　刑事が私のことを調べよった時に、「カタギ（一般人）が誰も悪口を言っていなかった」と驚いていました。もちろん過去には泣かせたこともありますが、基本的には社会的なマナーを守って、カタギには迷惑をかけまいとしてやって参りました。

宮崎　古いタイプのヤクザはみんなそういう面を持っていたし、市民も受け入れていたんですね。だから、川口さんの事件は「いくらヤクザの事件でも、これで有罪は厳しいやろ」と見る人も少なくなかったんですね。

そもそも起訴が杜撰そのものでした。物証は一切なく、関係者の証言だけでしょう。しかも虚偽自白で、後に証言者が「嘘だった」と認めています。

川口 そやから、こっちも徹底的にやりましたよ。

宮崎 起訴から一審判決まで八年もかかっていますよね。殺人事件とはいえかなりの長さです。私は楽観していなかったけれど、多くの人が無実を確信していました。でも、有罪確定は川口さんや弁護団のせいではありませんよ。もともとヤクザの事件はマージャンで言えば「イーハン・アップ」。最初から「有罪ありき」というハンディがついてるんです。

川口 （笑）まさにそうですね。

宮崎 これで闘うのは本当に難しい。私は「ヤクザ罪」と言っています。ヤクザというだけで有罪なんだということですね。川口さんのケースも、警察や検察が元組員に「川口を売れ」と迫ったのでしょう。最近はこういうケースが目立ちます。

まずスネに傷のある者を逮捕して、「お前は起訴しないから、捜査に協力しろ」と、虚偽の自白を強要する。最初は抵抗しても、勾留が長引くと生活の心配が出てきますしね。「お前の逮捕が原因で子どもがいじめに遭うてるらしいな」などと言われれば、自分だけ助かりたい一心で、世話になった親分だって誰だって売ってしまう。昨今の各組織の幹部や政治家の逮捕はほとんどそういうパターンなんです。

川口 はい。いろんな行き違いから、私に恨みを持ってしまった二人の元組員が偽証を迫られました

からね。

宮崎　暴対法施行（一九九二年）以降の特徴でもあるんですが、関係者や被害者が必ずしも「善良な人」ではないんですね。彼らの罪を減免してやる代わりに捜査に協力させる。これは、日本では禁止されている司法取引ですよ。

この背景には、警察の捜査能力の低下があると思います。最近の検挙率はずっと三割前後で推移しています。つまり、十件のうち一人しか犯人を捕まえられない。世田谷の一家殺人（二〇〇〇年）など未解決事件がすごく多いんですね。だから、「司法取引でも何でもいいから検挙率を上げろ」「大物を逮捕しろ」と躍起になっているんです。

捜査能力の低下でいうと、二〇一〇年暮れに朝日新聞が「逮捕した山口組幹部の起訴猶予の案件が増えている」と報じました。逮捕者の三分の一くらいしか起訴できないんだと。大阪地検の不祥事問題で検察も慎重になっているのでしょうが、これまでの司法では考えられないことです。

ただ、この記事は捜査能力の低下を補うために司法取引やおとり捜査、通信傍受すなわち盗聴の規制緩和などを導入しろという結論なんですね。二〇一四年に国会提出を目指している刑事司法改革法案にも取り調べの可視化とバーターの形で司法取引や盗聴の導入が検討されています。

川口　なるほど。私の捜査もかなりずさんでしたが、これからはもっと大変ですね。自分たちは不祥事ばかり起こしとるのに、汚いですね。

宮崎　まったくですね。まずは警察や検察が内部の浄化を進めるべきでしょう。

川口　私の弁護団はできるだけの証拠を揃えてがんばってくれたのですが、最初からイーハンつけられてましたから（笑）。でも、やっていないことはやっていないのです。再審請求もまだ続けていますよ。

暴排に加担するメディア

宮崎　川口さんの事件では、メディアの問題もありますよね。被害者のお母さん（現在は故人）を出してきて、「暴力団に負けない」というキャンペーンを続けさせました。子どもを殺された親に同情が集まるのは当たり前やけど、それと裁判は別なのに。

川口　そうなんです。私も最初は「経緯はどうあれ、元子分がカタギの女の子を死なせてしまったのだから、黙って懲役に行こう」と思っていたのです。

遺族から損害賠償請求訴訟を起こされた時も、和解に応じました。でも、複数の関係者から「事件は明らかなでっち上げ」という情報を得て、「これは闘うしかない」と決意しました。この事件は、最初から私の逮捕が狙いだったことがわかりましたから。

宮崎　でも、裁判所もヤクザの言い分はまず認めません。自分の目や耳よりも、検察や警察の調書や報道を信用しますからね。

川口　そうですね。裁判は納得できないことばかりでした。

宮崎　私も川口さんと同じ立場なら、最後まで闘っていたと思います。ただ、現在は厳罰化が進んでいますし、「本当はやっていないけど、裁判は時間もカネもかかって邪魔くさいから、罪を認めてさっさと懲役に行って早く出てこよう」という選択肢もありますよね。

川口　そうですね。

宮崎　だから、現実的な選択としては、一審だけは全力で闘って、それでダメなら、もう控訴しないで懲役に行く。最後まで闘ったほうがいいのか、見極めは難しいと思いますが、途中で降りた方が賢明ということもある。

川口　ケース・バイ・ケースですよね。さっさと諦めた方が時間を無駄にしないでいいこともあります。私の場合は、とにかく納得できませんでしたから。

宮崎　なるほど。

川口　実は、取り調べた刑事の一人が退職後に面会に来て、「川口の逮捕がでっち上げだったということを法廷で証言してもいい」と言ってきたこともありました。最終的には迷惑をかけられないので断りましたがね。

宮崎　そんなこともあったんですね。

川口　そうなんです。それで、「なぜヤクザの私に元警察官のあなたが肩入れするのか」と聞いたら、「俠《おとこ》として惚れた」と言うような文言だったと思いますが……。また、私の逮捕をめぐって、捜査本部が推進派と慎重派とに割れていたというのも、他の関係者からも聞きました。

宮崎　当時は、まだ慎重になる刑事もいたんですね。今は個人的な反発はあっても反対する刑事はいないでしょう。ある県警には「ゴッドハンド」と呼ばれるマル暴刑事がいて、要するにでっち上げ捜

査をしているんですが、捜査員はみんなそれを知っている。でも、陰で「ようやるわ」とは言っても、表向きは異議を申し立てないのです。

川口　私の場合は、警察だけではなくて、検察の捜査もひどかったですね。二〇一〇年の郵便不正事件※大阪地検特捜部の証拠改竄問題で辞任した玉井英章（元大阪高検次席検事・現在は故人）が取調べ検事だったのですが、何の調べもないままの起訴だったんです。

宮崎　当時からひどかったんですね。玉井と当時の小林敬検事正が証拠改竄問題の責任を取って辞任した際に出したコメントが「句読点の位置までそっくり同じだった」と報じられましたね。記者会見にも応じず、検察庁が用意したコメントのみです。「余計なことはしゃべるな」ということなのでしょうが、こういうところもおかしいですね。

川口　そうですね。

宮崎　ただ、検察は確かに当時も今もひどいわけですが、大阪地検問題以後の検察批判はちょっと問題だなとも思いました。検察がバッシングされることで警察の力が強くなっているのは危険です。

　昨今の各組織の幹部逮捕では、検察が慎重なのに警察が出しゃばって逮捕に到るというのが多いと聞いています。「こんな証拠では起訴できない」と検察が危惧しても、警察が聞く耳を持たずに強引にやってしまうというんですね。

川口　そういう事件も多いと聞いております。

「昔過激派、今ヤクザ」

宮崎　長い獄中生活で大病をされながらも現在はお元気で出所されたことは、他の懲役の励みになりますね。でも、二三年ぶりのシャバも、それほど大きな変化は感じておられないというお話でしたね。

川口　はい、だいたいのところはわかっていましたから。ただ最近は「暴力団排除」の動きが目立ってきていると感じます。

宮崎　はい、全国の都道府県、一部の市町村で暴排条例が施行され、二〇一二年には改定暴対法も施行されました。また、「平成の頂上作戦」といわれる各組織の幹部の逮捕も相次ぎました。

ただ、こうした動きは今に始まったことではないでしょう。一九六〇年代の頂上作戦から暴対法、暴排条例まで今までもずっとヤクザの取り締まりは厳しかったから。

川口　はい、私の事件もまったく同じです。

宮崎　条例も問題が多いですね。警察主導で作られた各自治体の条例はだいたいどこも同じだけれど、東京都の条例案にはヤクザとの関係を自己申告すれば罰則を免除するという規定が盛り込まれているのが特徴的です。つまり市民に「協力」させるんです。

川口　その手法は、間違うてると思いますね。

宮崎　これが奏功すると本気で思っているのは、現場を知らないキャリア官僚だけですよ。現場はむ

しろ慌てていますよ。現場のノンキャリたちは「キャリアは何もわかってない。あまり取り締まると捜査に協力してくれなくなる。ヤクザから情報が得られなくなれば、ますます事件解決は難しくなる」と困惑していると聞いています。でも、警察の内部では出世のために上司には逆らえない。また、カタギでもスネに傷のあるような人間は協力せざるをえないでしょう。

川口　そうですね。

宮崎　より強い暴力団排除や取り締まりは、より悪い社会を生んでしまうだけです。このようにヤクザに対する取り締まりが厳しくなっているといわれるのは、今は右翼・左翼などの政治運動、とりわけ左翼の過激派と呼ばれる人たちや、オウム真理教のようなカルト集団がいなくなり、捜査対象者が激減していることが背景にあると思います。

川口　予算の問題ですね。

宮崎　そうです。しかし、ヤクザが日本社会の脅威となっていないことは、実は警察が一番わかっているはずなんです。『犯罪白書』や『警察白書』がそれを証明している。一九五五年をピークに凶悪犯罪はずっと減少しているし、「暴力団員の数」は、六二年のピーク時と比べると半減しています。

川口　カタギの犯罪のほうがよっぽど多いでしょう。

宮崎　そうです。そもそもヤクザは人を殺す時、コスト・パフォーマンスを考えますよね。カタギの犯罪は感情的なのがほとんど。でも常に「暴力団」だけが糾弾される。ヤクザはやりにくい時代が続きますね。

川口　結局、どんな職業も同じと思いますが、ヤクザは自分のためにヤクザをしとるんです。そして、スジを通せば組織のためにもなります。

宮崎　川口さんにとっては裁判闘争もスジを通すということですね。

川口　はい。納得できんことは「納得できん」と言い続けます。あとは宮崎先生がよう言われる「法と掟」を重視しています。法を破ったとしても、組の掟は守り続けます。

宮崎　そうですね。それが一番大事だと思います。

川口　あとは、最低限のマナーを守ることは大切ですね。近所の人からは嫌われんように、マナーは守るようにと若い者にはいつも言っています。これからはもっとやりにくくなるとは思いますが。

宮崎　よくはなりませんね。

川口　でも、ヤクザはどんな形でもなくなりません。変わってはいくでしょうが。

宮崎　そうですね。行く末はどうあろうと見守っていきたいと思っています。

※キャッツアイ事件とは

一九八五年九月二三日、兵庫・尼崎市内のスナック「キャッツアイ」で働いていた一九歳のホステスにヤクザが撃った拳銃の流れ弾が当たり、死亡した事件。当時は清勇会と山口組系倉本組が抗争状態にあり、清勇会組員だったOが幹部Fの指示で倉本組組員が働いている店を狙ったのである。事件から約一年半を経た八七年に実行犯として組員Oが逮捕され、その約一ヵ月後に犯行を指示したとして幹部Fが逮捕された。八九年一月には川口氏が別件逮捕され、後に氏は殺人と殺人未遂の共謀共同正犯で再逮捕されている。事件は凶器の拳銃を含め一切の物証はなく、組員OとFの供述調書のみ。しかも事件当日は川口氏が入院中であった。

さらに、偽証したOは後に獄中から「川口は無実」「私は川口に対する長年の恨み憎しみを晴らしてやるという気持ちからありもしない事を作り上げて川口を共犯者に仕立てあげた」「ファミリーレストランで殺害の指示を受けたという証言は嘘」などとする陳述書を提出。Fも弁護側証人として法廷で「調書の内容は虚偽だった」と証言したが、二〇〇一年一二月に最高裁第二小法廷（梶谷玄裁判長）は上告を棄却、懲役一五年の刑が確定した。

一方で、九二年七月には被害者の母親（二〇一二年に死去）が川口氏に対して使用者責任を求め、一億一〇〇〇万円の損害賠償請求訴訟を提訴したことも大きく報じられた。母親は「ヤクザは自分たちのことを義理と人情の社会に生きると言っている。その組織を統率する組長が組員の罪を償うのは当然」と主張、川口氏は「理由はどうあれ無関係の女の子が亡くなったのであれば」と和解に応じている。川口氏は未決勾留期間を含めて二三年余りを獄中で過ごし、二〇一〇年暮れに出所した。

※郵便不正事件

二〇〇九年四月、障害者団体向けの割引郵便制度を不正利用して企業がＤＭを送付していた件で厚生労働省職員が偽証明書を発行するなど不正に係わったとされた事件。この事件を捜査・指揮していた大阪地検特捜部の前田恒彦検事が証拠品として押収したフロッピーディスクのデータを改ざんしたとして一〇年九月に逮捕された。翌一〇月には上司の大坪弘道大阪地検特捜部長と、佐賀元明副部長も犯人隠避の疑いで逮捕された（肩書はいずれも当時）。

＊この対談は、『実話時報』（竹書房発行）二〇一一年三月号と四月号に掲載された対談を元に、昨今の問題を新たにお話いただいた部分を加筆しております。

「特定危険指定処分取消訴訟」を提起して

松井　武（弁護士）

1、はじめに

二〇一二年一二月二七日、五代目工藤會は、「暴力団員による不当な行為の防止等に関する法律」（以下、暴対法といいます）の改正によって新たに規定された三〇条の八の「特定危険指定暴力団等」の指定の規定に基づいて福岡県公安委員会および山口県公安委員会により特定危険指定処分を受けた。

これに対し、二〇一三年一月一八日、工藤會は福岡県と山口県に対して当該処分の取消しを求めて行政訴訟を提起した。

この訴訟の代理人である私に対して、編集部から「この法律の問題点について書いてくれないか」との依頼があった。私はそのようなものを書けないので、「まあ訴訟提起の雑感くらいないなら」ということで依頼を受けることにした次第である。

さて、『警察学論集』（以下、論集という）という雑誌を目にされたことがあるだろうか。改正暴対法についての資料を探していたら、その六五巻一一号と一二号に掲載されていた。警察関係者は、改正法をどう見ているのかを知るには都合がいいと思い、この「雑感」を書く上で参考にさせてもらった。

これをざっと見ていたら、「おもしろいこと」に気がついた。

五代目工藤會と、ほぼ同じ時期に「特定抗争指定暴力団等」として指定された道仁会、九州誠道会（会の名称は、いずれも警察学論集に用いられていたそのままでここでも用いることにする）との「違い」である。

特定抗争指定に関する条文（暴対法一五条の二から一五条の四）に関する解説の冒頭に記載されている「趣旨」には、具体的に道仁会・九州誠道会の名称が掲載されている。かつ両会に関して「対立抗争勃発（平成一八年）」「道仁会会長射殺（平成一九年八月）」「一般人への誤射発生（同年一一月）」（いずれも論集一二三頁）等の事件が記載されており、「銃器等の凶器を使用した暴力行為が敢行され、市民生活への脅威となっている」ことから、この改正がなされた旨が記載されている。つまり、対象団体に対する指定の理由が詳しく書かれているのだ。

これに対して、特定危険指定暴力団等の指定に関する条文（三〇条の八）の「趣旨」には、五代目工藤會の具体名は記載されていない。

この違いは何なのだろうか？　単に論集の著者の「趣味」なのであろうか？

あるいは、もともと五代目工藤會に対し危険指定の処分するための根拠事実はなかったのでは？などと考えてしまった。

以下では今回の提訴について気になった点のうち、紙数の関係もあるが何点かについて雑感を述べていきたい。

2、特定危険指定暴力団等の指定（三〇条の八）の趣旨と「おそれ」について

上記論集では、特定危険指定暴力団等の指定の趣旨につき、「改正法施行前（中略）においては、みかじめ料要求を始めとする暴力団の威力を示して行う不当な要求行為が暴力的要求行為として禁止されてはいるものの、違反した者に対して中止命令や再発防止命令を発出することができるのみ（命令違反には罰則）となっており、危険な暴力行為に発展するおそれのある暴力的要求行為の抑止としては不十分であるという問題があった。改正法は、危険な暴力行為が行われ、更にこれが繰り返されるおそれがあるという緊迫した事態において、そのような暴力行為に発展するおそれのある暴力的要求行為等に対して直ちに罰則をもって臨むこととするなどにより、危険な暴力行為に対する抑止力を高めることとしたもの」（論集三五頁）とある。三〇条の八以下の特定危険指定の趣旨を少なくとも、警察関係者は上記のようにとらえていることは間違いなさそうである。

ところで、「危険な暴力行為に発展するおそれのある暴力的要求行為の抑止としては不十分であるという問題があった」とあるが、はて？　こんな問題がこのような立法をするほど多数あったか？既存の刑罰法規で十分に対応できるのではないか？　というのが正直な感想である。

次に、どなたでも目に付くのがここにいう「おそれ」という記載である。三〇条の八の規定にも、「更に反復して同様の暴力行為を行うおそれ」とある。この「おそれ」は、「可能性」であると言っている（論集三七頁）。

したがって、暴力行為の「実行行為」の可能性はこれに当たるのはもちろんであるとして、では、

暴力行為の「予備行為」の可能性についてはどうなのか？

あるいは、暴力行為の「謀議」の可能性はこれに含まれるのか等、いろいろと疑問がわいてくる。

また、その「可能性」とは、「客観的に認められる必要があるところ、当該『おそれ』があるかどうかについては、要件に該当する暴力行為の発生頻度、当該暴力行為に関する構成員の言動、暴力行為における凶器の使用状況、暴力的要求行為等又は請求妨害行為の発生状況等の事情を総合的に勘案して判断される」としている（三八頁）。

そして、「典型的には、このような用件に該当する暴力行為が反復して敢行されている場合や当該暴力行為を行う旨の言動がある場合には当該『おそれ』があるものと考えられるが、当該指定暴力団の他の構成員がその暴力団の縄張りにおいて暴力的要求行為を再び行ったりしているようなときにも、同様に『おそれ』を認定し得るものと考える」（三八頁）とある。

いずれも、「過去」から「未来」を予測する作業になる。

予測とは、主観的な作業である。「客観的」と言いながら、その大部分は、予測という主観的作業で決せられることになる。ここでは判断の客観性は何ら担保されていない。このような予測によって同条以下に規定される極めて大きな不利益を被ることを規定するこの特定危険指定制度の存在は間違っている。

この対象が、「暴力団」あるいは「暴力団員」ではなかったらどうだろうか。たとえば「労働組合」「自然保護団体」などであったら、この規定が社会的に認められるとは考えにくい。

3、警戒区域と「おそれ」

特定危険指定にあたり、「暴力行為により人の生命又は身体に重大な危害が加えられることを防止するために」(三〇条の八)、「特に警戒を要する区域」を「警戒区域」ということになっている。「暴力行為により人の生命又は身体に重大な危害が加えられることを防止するために特に警戒を要する区域」(三〇条の八、一項)とは、論集によれば「暴力的要求行為等又はこれに関連して危険な暴力行為が発生するおそれがある区域」(三八頁)とされる。

そして、「おそれ」があるか否かは、「暴力行為やその前提となる暴力的要求行為を行った指定暴力団員及びその所属組織の活動拠点や資金獲得活動等の状況、当該団体や組織が関与する過去の同種事案の発生状況等を勘案して判断される」「区域の特定は『A市』『B町』又は『C市D町』のように、行政区画表示を用いて適切に特定していくこととなる」(三八頁)という。

ここでも、「おそれ」が全てであり、それはやはり、「予測」でしかない。先にも指摘したように、予測は主観的作業である。判断の客観性は何ら担保されていない。そのような「予測」で人の活動の自由が奪われていいはずはない。

ちなみに、警戒区域内において暴力的要求行為を行う目的で面会を要求したり、電話をかけたり、ファクシミリを送信したり、電子メールを送信したりすることが禁止されている(三〇条の九)。

ここでは、「目的」という主観的要素があるか否かにより、日常的に行われる行為が規制対象となる。面会やファクシミリ・電子メール送信は実質的にもうできないことになってしまうのだ。

4、指定の効果について

紙数の関係があるが、ここで指定の効果について若干触れておきたい。

この危険指定の効果として次のものが挙げられる。つまり、第一に、暴力的要求行為等が行われた場合に三年以下の懲役若しくは五百万円以下の罰金となり（四六条三号）、第二に、面会要求等が禁止され（三〇条の九）、この違反に対しては中止命令等を発することができ（三〇条の一〇）、第三に、事務所の使用制限が課される。最後の事務所の使用制限は、やはり、「おそれ」で行うことができるとされている（三〇条の一一）。

第一の罰則については、中止命令違反の場合との間にこれほどの重罰化による差があることはおかしくないか、この三年以下の懲役の法定刑は、緊急逮捕（もちろん令状はいらない）ができる。さらに、事務所の使用制限は、いわば実質的に無期限の延長が認められることになっている（三〇条の一一・二項）。実質的な財産の収用である。

5、最後に

必ず出てくる議論に「では、『暴力団』をやめればいいのではないか」、「『暴力団員』でなくなればいいではないか」というものがある。

しかし、こうなると、前提として「暴力団」「暴力団員」とは何か？　なぜそう呼ばれるようになったのか？　なぜそういう組織を結成するようになったのか？　などについて考えなくてはならなくなる。

「暴力団」は、発生当初からそう呼ばれていたわけではあるまい。その歴史まで遡らなければならないだろう。この議論は私などが論じることができるとは思えないので、ここではやめておきたい。

加えるに、この法律は、明らかに刑罰法規の制定、そして適用は謙抑であるべきだという原理とは無縁のものとなっている。もとより「暴力団員」と呼ばれている者に対する従前の刑罰法規の適用については峻厳さを極めていたが、ここにいたってそういう言葉では言い表すことすらできなくなっている。

「暴力団だからいいんだ」ということであれば、なぜ「暴力団だから」いいのかという問いに答えを出して欲しい。暴力をふるうからか？　凶器を用いるからか？　いずれも「暴力団だから」と言うことは理由になるまい。暴力をふるったらそれに対する刑罰法規は存在するし、凶器を用いればそれに対応する刑罰法規も存在する。十分に対応できるのだ。

つまり、この法律は「いらない法律」なのである。他に何かを「目的」としたとしか考えられない。何を目的として、このようないらない法律を作ったのであろうか？

最後に一言言わせて貰えれば、この法律は、国家にとって好ましくない団体の結成そして活動を保障する憲法二一条の結社の自由の存在意義をなくしてしまったと断じざるを得ない。

◉まつい・たけし
第二東京弁護士会所属。

実話雑誌記者匿名座談会

なぜ私たちはヤクザを取材するのか

聞き手・編集部

そもそも「実話誌」とは?

——本日は、いわゆる実話誌を中心に活躍していらっしゃる記者の皆さんにお集まりいただきました。まずは「実話誌」の定義から確認しておきたいと思います。

二〇一二年一月に「〈暴力団排除条例〉の廃止を求め〈暴対法改定〉に反対する表現者の共同声明」の記者会見が行われました。この会見には、作家の宮崎学さんのほか東京大学の元教授で評論家の西部邁さんや作家で詩人の辻井喬さんなどが出席、現在の暴力団排除の暴走を批判しました。

この時に、司会の方が『実話ナックルズ』(ミリオン出版)の元編集長に対して「暴対法や暴排条例は、実話誌編集者としてどう思うか」と心境を聞いていました。その場で元編集長も話していましたが、『実話ナックルズ』は、いわゆる「実話誌」ではないんですよね?

A　そう。あれは「なるほど」と思いました。「そうか、実話誌って、普通の人にはわかってもらえていないのか」と（笑）

B　たしかにわかりにくいジャンルではありますね。（インターネット上の事典）Wikipediaには「実話誌とは、芸能人のゴシップ記事、ヤクザ（暴力団）関連の話題、ギャンブルやレジャー、性風俗情報や女性ヌードグラビアなどで構成される大衆娯楽雑誌」とありました。

C　『実話ナックルズ』は、ギャングや暴走族など若者の取材はしていますが、暴対法上の「指定暴力団」への直接取材はしていませんね。でも、一般の人にはヤクザと不良の線引きはしにくいでしょうね。

――ヤクザとは、暴対法で指定された「暴力団」を指すのですか？

D　伝統的な仁俠組織は、「暴力団」と呼ばれることに異議を唱えていますが、法律的にはそういうことになりますね。実話誌も指定組織を中心に取材しています。ギャングを含め最近メディアが取り上げている「半グレ」※や、外国人犯罪集団などはあまり取材しませんね。

E　「半グレ」は新しい集団のようだけど、かつても愚連隊など任俠組織とは別に存在する不良はいたんです。GHQがヤクザを弾圧した時に、表立って動けないヤクザに代わって存在感を示したのが万年東一さんや加納貢さんなどの愚連隊でした。暴れまわる不良外国人に立ち向かったりね。任俠組織のように上下関係が厳しくなくて、フラットな兄弟分のような関係が中心だった。半グレの場合は、愚連隊とも違うみたいですけどね。

——他のメディアと比較して実話誌の特徴的なところは、アウトローの存在を肯定的に報じるところですね。

A　週刊実話、週刊大衆、週刊アサヒ芸能など駅の売店やコンビニでも売っている週刊誌でアウトローの記事を載せている媒体と、『実話時報』や『実話ドキュメント』などの「ヤクザ専門誌」とは違いますね。週刊誌は、ヤクザ以外にも芸能や政治、社会問題などを網羅的に扱っていますが、専門誌は他のジャンルを取り上げる割合が少ないですね。

B　最近の刑務所や拘置所の規制でも違いがわかりますね。ヤクザ専門誌は差し入れ自体ができなくなっているのです。「暴力団を称揚するような媒体は差し入れ禁止」ということです。週刊誌は差し入れはOKなんですが、施設によってはヤクザの記事の部分は切り取ってから収容者に渡されると聞いています。

C　それって器物損壊ですよねえ。こちらで提訴したいくらいですが、幹部が嫌がりますしね。本当は収容者側から「知る権利を侵害された」と訴えてもらうのが一番いいんだけど、塀の中からでは難しいですね。

C　刑務所や拘置所は所長の権限がものすごく強いので、施設によって違うんだけれども、最近では週刊誌の襲名や事始めなど儀式的なページは閲覧できないようですね。こうしたものは「暴力団を称揚している」と言われますから。

D　専門誌の場合、ヤクザを「称揚」と言われるとそうかもしれないが、別に暴力や犯罪行為を称揚しているわけでない。たとえば歴代の親分衆たちは戦後の混乱の中を生き抜いて、地元を守ってきた。家族や家を失って行き場のなくなった人たちが犯罪行為に走らないように、仕事を作ったりしてきたわけでしょう。

E　ですよね。その過程には、ものすごい哀しみや苦しみがあったんですよね。「ヤクザをやめても食っていけるなら、とっくにやめてる」という話は今でも聞きますよ。そういう「ドラマ」を読みたい人のために作りたいですね。

A　購読層には現職のヤクザだけではなくて、一般の会社員や公務員も多いですしね。たしかに高尚な趣味とは言えないけど、憲法第一三条の幸福追求権とは、高尚な趣味以外の「幸福」の追求も認めています。

B　ヤクザ雑誌を読んですぐに犯罪行為に走るとでも思っているのでしょうかね。

記事へのクレームは激減

——記事に誤りがあった時にはどうするんですか？

A　相手がヤクザであろうと誰であろうと、校正ミスはあってはならないんですが、人間だからやっぱり間違えることはあります。ものすごい額の損害賠償を要求してくるとか、そういうことはありません。ミスしてしまった時は、きちんと経緯を説明して謝罪します。本当の意味での誠意を見せればわかってくれます。

B　先輩記者が謝りに行った時に、隣の部屋で組員らしき人が木刀の素振りをしているのが目に入ったそうです。怖かったけど、きちんと謝ったら、その後は親しくなってネタ元になってくれたそうです。

C　ただ人事に関しては細かいですね。事前に確認しても「今日変更があったから（記事を）変えてくれ」って言われたことがあります。もう印刷に入っていて間に合わないんだけど、「それはそっちの都合だろう！」って怒鳴られた時には参りました。たしかにこちらの都合ではありますが、物理的に無理だから。最終的にはそのまま進めさせてもらいましたけど。

D　同じ無理を言われるのでも、何を言いたいのかがわかる時は、まだいいですよ。深夜に酔っ払って電話をかけてきて、怒鳴られたことがあります。何を謝ったらいいのか、わからなくて。「すみません」と繰り返しながら、心の中で「オレ、なんで謝ってるんだろう?」と。

E　あるある（笑）。そういう〝気分の波〟で電話をかけてくる人はいますね。

A　たしかに困った人は多い。でも、そういう行き場のない人たちをヤクザ組織はまとめる機能がありました。「親分」と呼ばれる人がそういう人たちを束ねてくれなかったら、もっと問題が起こりますよ。

B　でも、クレームそのものはだいぶ減りましたね。

C　減ったし、クレームの質も変わりました。そもそも最近のヤクザはシノギの関係で顔出しが困る人が増えてます。盃事の撮影でも「オレの顔は映らないようにしてくれ」とか言われますね。

D　そういう点では変わってきてますね。以前は、「オレたちの親分」が載っていれば、塀の中でも励みになるから、「かっこよく撮れたか?」とか聞かれたりしていたけど、そういうのも減ってきましたね。

E　今は塀の中で読めなくなってきていますが、やっぱり俠（おとこ）を売る人気商売的なところはありますからね。

A　個人的な人気と組織の報道はまたちょっと違いますよね。以前は、たとえば組葬の取材で「○○会の花輪が出ていた」と書いただけでも幹部会議になったそうだけど、今はそんなことはありませんね。

――なぜ会議になるんですか？

A　前後の文脈を見て、「○○会」がどう書かれているかチェックしていたようです。そもそも実話誌は「暴力団の存在」そのものを批判する記事は書かないものなんですが、「原稿を見せてくれ」と言われることはありますよ。

――原稿は先方に見せるんですか？

B　直接インタビューした時は見せてますね。名前や肩書の確認はしょうがないかなと思うし。

「暴力団員」とは誰か

――「ヤクザ」と「暴力団」はどう違うのでしょうか。

A　仁俠の基本は司馬遷『史記』の「遊俠列伝」にあるといわれています。「遊俠は、その行、正義に不軌なりといえども、然してその言は必ず信、その行は必ず果、すでに諾すれば必ず誠あり、その躯《からだ》を愛せず、士の阨困《やっこん》に赴き、すでに存亡死生し、而もその能に矜らず、その徳に伐るを羞ず」（引用は徳間書店『史記6』）とあります。行儀は悪いが、信義に厚く、約束は必ず果たす人間たちであると。伝統的な仁俠団体は、たしかにこういう性格を持っていました。

一方で、「そもそも暴力団員とは何か」という話になると、けっこう難しいんですよね。暴対法上の「構成員」「準構成員」の定義というか認定基準は公表されてない。第二条で、構成員とは「暴力団の構成員をいう」とだけ書かれています。

B　そのままですよね。「暴力団員」の認定基準を公開しないのは、「規制逃れを阻止する」ためだそうですが、どうもしっくりしない。アウトローも時代に合わせて変わってきていますから、認定は難しいはずです。最近は「偽装脱退」も目立つし、最初から組には入らずにフロント企業として組を支えている人もいます。こういう人たちはどうするのか。

C　そうなると、暴対法より各自治体の暴排条例の方が使い勝手がいいわけです。「暴力団」と関係がありそうな人間はすべて「密接交際者」。これなら誰でも網にかけられますよね。そうなると、島田紳助さんの引退会見はタイミングよすぎましたよね。二〇一一年一〇月一日の東京都の暴排条例制定の直前でしたから。

D　あの会見で、ほぼ全国民が「密接交際者」を知りましたよね。でも、細かいところはまったく決まっていませんから、相当混乱していたはずです。都条例制定当日には、石原慎太郎知事（当時）が「暴力団員と分かっている人間がボールペン一本売ってくれって来たら売らないわけにいかんだろう。百本売ったら経済利益の供与になるのかね」と施行の日に記者団に逆質問していました。発布権者なのに（笑）

E　結局、警察官僚任せなんですよね。福岡県では、条例施行前だったにも関わらず「暴力団に弁当を五百個売った店」が実名で大きく報道されました。「警察のイヤガラセ」と一部で批判されました。

C　石原さんじゃないけど、「〇個までならヤクザに売っていい」というのは、業者にとって死活問題でしょう。警察は「わからなかったら、聞きに来い」って言っているけど、「事務所への蕎麦の出前の注文だったらどうするんだ。蕎麦が伸びちゃうじゃないか」と宮崎さんが言っていましたね。

D　現場は混乱しますよね。でも、もっと怖いのは悪用されることです。つまり暴排条例や暴対法を利用して「誰か」を狙い撃ちして陥れることも簡単にできるんですよね。それが危険なのです。権力側が「コイツは密接交際者だ」と言えば、もう立派な「密接交際者」になってしまう。

A　ここにいる我々は全員「密接交際者」だからね、間違いなく。

今のヤクザはだいぶ様変わりしてきたけど、基本的には昔のような仁侠道を重んじて、相互扶助関係の延長線上にあると僕は思うけどね。

E　そうです。昭和のヤクザ映画などは良くも悪くも牧歌的でしたね。今は暴対法もあって世知辛くなっている印象があります、

B　やっぱり八〇年代の不動産バブル期以降は「カネ優先」になってしまった。そこで暴対法ができて……という流れがあるんでしょうね。昔のヤクザ映画ではヤクザは着流しであんまりカネは持っていない感じでした。黒のベンツにローレックスというVシネマ的なヤクザ像はバブル以降ですよね。

――暴対法（一九九二年施行）の制定には、「バブルの責任を暴力団に押し付けよう」という権力側の意図もあったといわれていますね。

A　そういうこともあるでしょうね。銀行や不動産業者は、地上げに絡んだ立ち退きなどの汚れ仕事をアウトローにやらせていましたから。

C　でも、謀略論と言われるかもしれないけど、基本的にはGHQの弾圧に始まり、六〇年代の頂上作戦※、暴対法などはアメリカの圧力ですよね。アメリカにとってヤクザはビジネスの邪魔なんですよ。日本は政治から産業まですべてにヤクザが関係しているから、参入しづらい。最大の障壁なんです。あとは、「犯罪集団の持っているカネを吸い上げろ」ということもありますね。

D　アウトローどもからカネを取り上げようというのは、露骨になってきましたよね。二〇一一年夏に米オバマ大統領が「YAKUZA（ヤクザ）」を「国際的な犯罪に携わる組織」と認定し、金融制裁を科すとする大統領令に署名しました。これまでに山口組、住吉会、稲川会の日本の三大組織が制裁の対象にされています。

B　そうですね。〇六年にFBI（米連邦捜査局）が、山口組系の五菱会（ごりょうかい）幹部の捜査に関連して米国内の口座にあった幹部の資金約六〇万ドルを没収したことが報じられました。向こうにしてみれば「まだいけるぞ」ということなんですね。「悪者」のカネですから、取り上げても誰も批判しません。増税なんかよりよっぽどいい。

E　以前は、権力がアングラマネーに手を出す時は密かにやってたのに。なんか堂々としてますね。興味深いのは日本の警察の対応で、署名のことはアメリカ側から事前に知らされていなかったわけでしょう。

A　「日本警察幹部」が「(制裁を) 歓迎する」とコメントしたと一部で報じられたけど、ぜったいに面白くないと思ってますよね。犯罪に限らず、日本は国際社会で相当無視されてる。日本の国際的な立場が心配だけど、もう遅いかもしれない。

B　アメリカが日本の暴力団排除にどの程度本気なのかはわからないけど、日本の警察は、ヤクザがいなかったら困りますよ。　地方に取材に行くと、マル暴の刑事から「○○組の指定が取り消されたら大変だから、バーンと載っけてやってくれよ」とか頼んできます。

C　予算の関係でしょうね。「敵」がいなければ予算もいらないから。本当にヤクザがいなくなったら、一番困るのは警察でしょう。

D　暴対法ができるまでは、ヤクザと警察はお互いに利用しながらうまくやっていましたよね。取り調べや捜査に抵抗するのがアウトローだろうとみんな思うけど、実際はそうじゃないですよね。いいか悪いかは別にして、警察はうまくヤクザと取引してきたんです。

E　昔はヤクザが道路工事をしていると、警察官は「おっ、正業に就いたのか。がんばれよ」って言ってくれたそうです。最近はヤクザを雇えば「この業者は反社会的勢力と癒着している！」とヤクザ本人でなく業者を締め付けているんですね。「それじゃヤクザはどこへ行けばいいんだ」と怒るヤクザは多いです。

A　かりにヤクザを殲滅させたとしても、どんどん違う形でアウトローは出てきますよ。行き場がなくなった方がむしろ危険ですよね。

相次ぐ実話系雑誌の事実上の廃刊をどう見るか

――二〇一二年に、『実話時報』（竹書房）がリニューアルされて芸能スキャンダル中心の『実話時報ゴールデン』になりました。また、ヤクザを中心に扱ったものではありませんが、『漫画実話ナックルズ』（ミリオン出版発行）と『劇画マッドマックス』（コアマガジン発行）は休刊し、『実話マッドマックス』（同）は『劇画レイジ』になりましたね。『レイジ～』は創刊号のみの発行だったようです。

A　これらはもう事実上の廃刊ですよね。こうした動きは、〇九年秋あたりから福岡県警が福岡県内のコンビニエンスストア各社にヤクザをテーマにした書籍や雑誌を扱わないように「要請」したことがきっかけと言われています。

B　警察が売らせたくない雑誌やコミックのタイトルをリストにして配布しましたからね。もともと不況で雑誌やコミックが売れにくくなっているのに、ひどい話です。
現在では、福岡県以外のコンビニでも「撤去要請リスト」に掲載されていた「ピカレスクシリーズ」（竹書房発行）は売られていませんね。このシリーズは、ヤクザの親分衆の他、大物右翼などヤクザ以外の人物や事件を扱ったものも多かったのに。

C　宮崎学さんは、この「要請」によって自著を原作としたコミックが福岡県内のコンビニで売られなくなったことに対して、国家賠償請求訴訟を提訴していますね。「青少年に悪い影響がある」と福岡県警にだけは言われたくないそうです。たしかに福岡県警の警察官はワイセツの不祥事が多いですからね。

これに対して、県警側は「命令でなくてあくまでも要請であり、お願いしただけ」「たかがコミックではないか」と反論しているそうです。

D　それもおかしいですね。警察の「お願い」を聞かない業者がいるわけはないし、日本の漫画は世界に誇る文化なのに。

それに、こうしたコミックや雑誌がなくなると、多くの原作者や漫画家、カメラマン、ライターなどが影響を受けますよね。バイトをしなくてはならない人もめずらしくないです。逸失利益は算定不能なほど大きいですよ。福岡県警は、そこまで考えて「撤去要請」をしたとは思えませんね。

E　そもそも青少年にどれだけ影響があるのか、きちんと調査をしてはいないでしょう。むしろ『実話時報』がなくなって、警察も困っていると聞いていますよ。『実話時報』は実用的でしょう。親分衆の顔と名前がきちんと出ているから。

Ａ　マル暴の刑事と大企業の総務課はだいたい読んでるね。顔を名前を覚えるのが仕事なんだから。

――一方で、北野武監督の映画『アウトレイジ』『アウトレイジ　ビヨンド』をはじめとしてヤクザを扱った映画やテレビドラマ、コミックなどはたくさんあります。

Ｂ　実在するアウトローを扱ってはダメということなんです。それでは実話ファンは納得しません。たとえば徳間書店のベストセラー『山口組三代目　田岡一雄自伝』を仮名にしたら売れませんよ。あとは、『ヤクザに学ぶ～』というようなタイトルも使えません。ポジティブに扱ってはダメなんです。

Ｅ　そもそもフィクションなら問題ないといっても、『アウトレイジ』などのフィクションこそ残酷で怖いのですが、なぜノンフィクションはダメなのか。納得できませんね。

Ｂ　警察は、暴力団排除の法的実務や影響など深く考えていないと思います。不祥事が多いのは納得できる気がしますね。全体的に機能が衰えているといいますか、ゆるんできている印象ですね。

Ｅ　そうですね、そのゆるみを目立たせないために暴力団排除を進めているのではないかという気もします。

Ａ　いずれにしろ「暴力団を排除しろ」という論理に反対する人は少ないので、今後も暴力団排除は進むと思いますが、読みたい人たちがいる以上、私たちは実話誌を作り続けていきたいですね。

【出席者】
記者Ａ　四〇代・元地方紙記者。東京以外はヤクザとカタギの距離があまりないこともあり、以前からヤクザに偏見はないので実話誌記者に。
記者Ｂ　三〇代・元出版社勤務。売れる記事しか扱わない会社に嫌気がさしてフリーに。
記者Ｃ　三〇代・元夕刊紙記者。いろいろ取材したいと思ってフリーに。
記者Ｄ　三〇代・元広告代理店勤務。芸能界などを取材するのにヤクザははずせないことから、いつしか詳しくなった。
記者Ｅ　二〇代・ヤクザ映画好きが高じてフリーライターに。

＊インタビューまとめ・編集部

沖縄は諦めるわけにはいかない

社民党衆議院議員・照屋寛徳氏インタビュー

聞き手・宮崎　学

改訂暴対法が国会で成立する際、唯一、政党としてこれに反対したのは社民党だった。二一年まえ暴対法が全会一致で成立して以降、何度か改訂されてきたが、その度にほぼ同じように可決されてきた。その意味で、今回の社民党の対応は注目された。宮崎学氏が衆議院議員会館に社民党国会対策委員長照屋寛徳氏を訪ねインタビューした。

（二〇一三年二月二〇日）

個人史と戦後史を重ねて生きてきた

宮崎　照屋さんと私は同い年です。生まれたのはサイパン？

照屋　はい。

宮崎　沖縄の人は植民地にけっこう行ってるんですよね。

照屋　そうですね。いわゆる旧ミクロネシア、サイパン、テニヤン、パラオとか。あの辺にはずいぶん行っておりますね。もちろんそれは、貧乏だからで、食い扶持を求めて出て行った。私の両親はサイパンに渡ったんですが、ご承知のように、サイパンは一九四四年の六月頃から米軍が上陸して、多くの人がいわゆるバンザイ・クリフで犠牲になった。

一家もその近くにいました。両親と私のきょうだいたちです。そのバンザイ・クリフのすぐ近くにマッピイという小高い丘みたいなところがあって、そこまで追い詰められたんだそうです。壕の中に隠れてた。

進退きわまった両親が「バンザイ・クリフ」から飛び降りて死のうと言った。一番上に姉がいるんですが、当時数え一四歳のその姉が「もう一度でいいから水を腹いっぱい飲んでから死にたい」と言ったんだそうです。いや、そんな暇はないとか言い争っているうちに捕虜になった。そして、家族全員捕虜収容所に入れられて、私は捕虜収容所で生まれた。だから、捕虜になって明日の命も知れんのに、また命が生まれた。私は、捕虜が生んだ捕虜です（笑）。

宮崎　それは凄い話ですね。

照屋　昭和二〇年七月のことでした。

宮崎　じゃあ終戦が一ヶ月後になるわけですね。

照屋　そうです。収容所で生まれた私は満一歳にならないうち、翌二一年には沖縄に引き揚げた。

宮崎　そのときはかなりの人が沖縄に引き揚げたんですか。

照屋　はい。生き残った者はもうほとんど沖縄に引き揚げて、それ以来、「基地の島沖縄」で生きてきたということになります。

宮崎　厳しい時代を生きてこられましたね。

照屋　たしかにそうですね。引き揚げてきた人たちのほとんどは、旧ミクロネシア、サイパン、テニヤンでやっていた製糖工場、国策会社の「南洋興発」で働いていたんです。サトウキビが中心の作物です。ですから、沖縄から行った人は製糖工場で働くか、あるいは「南洋興発」の農場の小作人、サトウキビ労働者として働くか、そのどちらかだった。

そして、「南洋興発」の初代社長が松江春次という人で、東京工業学校（現東京工業大学）出の福島出身者だった。そんな関係から、旧ミクロネシアやサイパンには、圧倒的に多いのは沖縄県民だったけれど、次に多いのは福島だったんです。福島も沖縄も貧乏だったことが共通です。何か象徴的ですね。

宮崎　北海道の屯田兵で東北の人がかなり行ってるんですけれど、やっぱり福島が多かったみたいですね。福島村、福島町というのがありますからね。

照屋　そういう意味では、僕は今につながると思っている。原発にしてもいま沖縄が苦しんでいる米軍基地にしても、これは全部国策の結果ですからね。それが僕が生まれた時代からずっとつづいているんだ。

宮崎　我々の年齢と同じだけの時間です。六七年ぐらい経っているんですね。

照屋　そういう意味では宮崎さんも私も、個人史とこの国の戦後史を重ねて生きてきた。偶然ですが。

原発マネーは自立経済を破壊する

宮崎 今の日本の経済は原発がなくなったら壊れるじゃないかということが言われる。だけど、いったいあのゴミをどうするんだと思う。だいたい無理な計画だったんですね。もともとやってはいけないことをやってしまった。このツケはいつまで経っても払えない。そんな悪運命的なことから抜け出せない。

照屋 いや、ツケは福島と沖縄の現地に払わせようとしているんですよ。貧しい地方に最後のツケを押し付ける。これまでと全然変わらない。その代わりに金を落としてやる、というのが彼らの発想。

宮崎 そうですね。で、お金で解決するというやり方を百歩譲って認めてやったとしてもですね、お金の払い方が少ないです。もっともっと払わなければいけない。僕はそう思います。全然貧しさの解消にはなっていないです。今の一〇倍、二〇倍払ってもいい。それだったら経済的に成り立たないわけですね、彼らの論理からして。だから今出している金の範囲内でやっていくという、非常にバカにしたやり方、これは愚弄していますよね。

照屋 そうです。振り撒かれる原子力マネーの意味で危険なのは、結果的には原発立地をしている当該県の自立や自治も破壊してしまうという点です。沖縄では、基地交付金が悪用されて、沖縄の真の意味での自立経済の破壊をしているという点。自治の破壊をするんです。

宮崎 もう一つ、自分に引き付けて考えるのは、日本の原発政策が出てきた六〇年代中頃、僕の原発に対する問題意識は鋭くなかったということ、僕の反省です。

さらに、僕らがいまも使用している電気のことを考える。原子力は総発電電力量の三〇%を占めてる、と聞きました。それをつねに意識しとかないといけないのに、実際はそうでもない。情けない自分というのが見えてくるものですから。

僕はいま、原発デモにいつ出ようか、いつ出ようかと思っているわけですよ。ただね、みっともなくて出られないなという思いで迷ってる。ヘンですけど、生き様としてカッコ悪いから行けない、なんて思っていて……。自分の体の中に、原発の恩恵というものをやっぱり暗黙のうちに受けてきたという気持ちがあるわけです。

照屋　たしかに六〇年代、僕の場合には原発というのは問題意識はありませんでした、正直。というのは沖縄は原発は一基もない。原発の恩恵は全くない。今でもそう。そういう中で六〇年代というのは、沖縄ではアメリカの直接的な軍事支配下、憲法も全く適応されない、基本的人権も尊重されない、そういう時代でしたので、むしろ関心は原発よりもアメリカの軍事支配に対する、その矛盾の中で苦しんでいて基地に対して直接向かって行った、そういうことがありますね。

文明の失敗の博物館に

宮崎　僕は原発解体の勉強もしたことがあります。実家が土建屋で解体工事をやっているものですから、八〇年代中頃から、原発を解体する工事の工法を考えれば、これはビジネスとして成立すると思ったんです。

照屋　うーん、なるほど。

宮崎　だから僕はスリーマイルにもドイツも行きました。分かったのは、みんな解体方法を持っていないんですよ、ダメだと言いながらも。だから反対運動は原発の解体をビジネスとするというような中身を持ったら、もの凄い水準の運動ができるんじゃないか。だって、ものすごく金稼げますよ。みんなとんでもないものを作っちゃってどうしょうもなくなっているわけですから、各国が。そこまでやりました。

でも、結局、最終に処分する場所がないんですね。だからとんでもないものを作っちゃった。人間というのはバカだなあと思いますね。

照屋　私も一昨年（二〇一一年）一〇月、チェルノブイリに行きました。石棺で覆ったところやその周辺も見て参りました。それからオーストリア、フランス、ドイツと原発の事情を視察して参りました。

オーストリアでこんな話があったんです。一九七六年だったか、あそこでは福島型と同じ型の原発ができて完成していた。ところが全く稼働しないうちに、国民投票をしたら原発反対が一％程度多くて、以来停止をしているわけ。

そこの責任者によれば、その稼働していない原発が、韓国あたりから来る研修生用の対象になっている。いつでも燃料棒を入れれば稼働できるわけだから、訓練用には好都合なんです。映画のロケにも使われている。責任者がさらに言っていたのは、この施設をどう利用しようかということ。ここを「文明の失敗」の博物館にしようということを言っていたのです。宮崎さんがおっしゃったことと繋がる。

宮崎　ほんとにそうですね。解体できないものを作る文明というのは、文明じゃないんですね。人間は壊せないものを人工的に作っちゃいけないんですよ。

照屋　うん、全く同感ですね。

沖縄に残る「ゆいまーる」＝結ぶ心

宮崎　また解体の話に戻って恐縮ですが、僕の父親の時代、木造家屋を解体するときはですね、作った過程と反対のことをやったんです。作るときは最後に屋根の上に瓦を置くわけですよね。解体する場合は瓦を降ろすことから始めるんです。だから作った工程の逆工程を辿るんですよ。

照屋　そう言えばそうですね。

宮崎　そうしたら瓦も使えるんですよ、もう一度。材木も使えるんです。材木というのは面白いもので、生き物ですから、古い建物の材木というのは乾燥しているんです。乾燥している材木というのは歪みが少ないんです。乾き切っていますから。乾燥していない材木というのはまだ水分がありますから歪みがあるんですね。そうすると歪みがないものは家具に使えるんです。タンスに使えたりするわけです。

　だから逆工程を辿っていってそこに出てくるゴミは全部使える。それは人手という問題がかかりますから、お金はかかる。しかしながら自然とか社会への負荷は非常に少ないものができるんですね。

照屋　そうね、それは宮崎さんがおっしゃるのはまさに自然との共生ですよね。

宮崎　経済効率もそっちの方が実はいいと思うんですよ。

照屋　そうなんですよね。沖縄でも戦後間もない頃は、圧倒的に茅葺が多かったですね。僕なんか小学生のときは校舎も茅葺でした。そういう中で、沖縄は台風常襲地帯で、台風で民家や学校がやられるわけですね。そうすると集落の人たちが、まぁ今でいうボランティア……あの頃はボランティアなんていう言葉も知りませんでしたが、沖縄でいう「ゆいまーる」、「結い」ですね、結ぶ心で、みんな茅を刈ってきて、そして茅を葺くわけですね。

宮崎　屋根に登ってみんなで。

照屋　そうそう。協同作業でした。あれが薄れてきたのが六〇年代初頭。そのころからだんだん鉄筋コンクリート、ブロック作りになってきて。そりゃ台風にはそのほうが耐えられるけれども、日本の良き建造文化というのが一方では壊されてしまったということでしょうね。

宮崎　協同作業の場としてのいろんな共同体が日本にはある、いや、あったと言ったほうがいいのかも。これがいま、ものすごく痩せ衰えてきているんですね。じつはお茶とかお花の世界、これも一つの共同体なんですね。徒弟制度を根幹にした仕組みになっているらしいんだけれど、これをやっている人の数がものすごく少なくなってきているっていう話を聞きました。

先生の所に行って習うというよりも家に帰って、机の前のインターネットを見ながらやればできるんだと。先生の所に行きそこで話しをする、あるいは聞くということが煩わしい、もうそんなのは嫌だというようなのが多くなっているようですね。

かねて労働組合の組織率が低下していることは、言われてましたが、その中で一緒に壊れているのが共同体意識というか、助け合いの意識とか、相互扶助とか、伝統的な文化も人びとの意識の中から薄くなっちゃった。寂しい限りですよ。

照屋 おっしゃる共同体や共同体意識の破壊、喪失、これの背景に、もちろん新自由主義の問題もあります。同時に、やはり私たちが常にその地方の共同体の伝統文化や芸能、これを大事にしていく、そういうことがないとね。ある面で僕は、共同体の崩壊も共同体意識の希薄化の結果かなとも思う。

ただ沖縄は本土に比べて、まだそういう面ではタテ社会じゃなくてヨコ社会で、地域の相互扶助、あるいは支え合い、助け合いがまだ盛んです。それから門中《むんちゅー》制度みたいなものがあるから共同体意識がありますし、そして同時に沖縄では部落差別みたいなものもありませんしね。今でも私たちは基礎自治体は区とか自治会じゃなくて部落と言う。集落共同体の最小の単位はまだ部落意識なんです。それはいわゆる部落差別とは全く関係ない。

宮崎 部落という言葉を使うと差別用語だというのは表面的な意見で、実際には人は部落ということで表現してきたわけですね。「俺の部落は」とか、「お前は隣の部落だから」とかっていうのがあるわけですよ。

照屋 今でもある。だからそういう意味では、部落意識が伝統芸能や伝統文化を残す力になっています。宮崎さんは三味線や琴の世界で、やっている人の人口が急激に減っていると仰るけれど、沖縄は逆に増えている。そして保育園から幼稚園、小学校、中学校のレベルで三味線や沖縄のエイサーや踊り、太鼓、そういったものを取り入れるのがものすごく増えてきた。

宮崎 ああそうですか。それは自主的にというか、沖縄県としての援助があったり、文科省の援助があったりしてという、いわゆる「上」からやられているんでしょうか。

照屋　いや、上からのものではありません。もちろん、県や各市町村やあるいは学校のＰＴＡレベルで援助しあうことはありますが、何と言っても皆さんが自発的な取り組みとしてやっている。おそらく沖縄だけなんでしょうね。

被差別出身者が権力を乱暴に使うと

宮崎　そうかもしれません。僕は思うんですが、被差別部落の中にも残ってよかったと思っているんですよ。そういうものがですね。

日本の被差別部落というのは西日本に多いわけで。その中でも都市型の被差別部落が多いんです。農村型の部落というのは意外と少ない。都市型の部落は都市に人口が流入してくるから、部落にも人口が流入してきて、境目がだんだん無くなっちゃったというのがあって、実際には部落の差別意識はあるんだけれども、地域、もともと地域から出ている差別なんだけれども、地域の境界線が非常に曖昧になっているので、そういうことから部落解放同盟の同盟員の数も少なくなっているということがある。

ところが国民の中の差別意識だけはすごく根強いものが残ったというような変な現象が生まれてきています。

照屋　根強い部落差別の背景には、日本の戸籍制度とか檀家制度みたいなものが非常にある。

宮崎　おっしゃる通りです。例の問題になった「週刊朝日」のあの橋下徹の記事、これを取材するにあたっては、戸籍を取っているんですね。そうじゃないと追いかけられないんですよ。彼のお祖母さんとかその上とかが何をしていた人かというのは、戸籍を取らないと分からない。ただ、普通は取れないはずなんです。ところが取れた。戸籍が流出しているわけです。そこから何世代か遡ってこいつはこの部落に住んでいたんだ、だからこいつは部落民だというような理屈が出来ていくわけですね。どこかで違法性のある取材をしたんだろうと僕はみてます。

ところが「朝日新聞」の検証はそこをしていないんですね。表現がマズかったとか、その程度でうやむやにしている。本質的に、戸籍という差別と非常に絡み合っている問題には切り込まない。反省というのは避けて、逃げていますね。

ただ、べつの面で面白いのは、橋下が抵抗したわけですよ。ただ、抵抗した時に使った理屈は従来の反差別運動の理屈、それをそのまま使っているんですよ。彼はそういう使い分けをしちゃう人間なんだろうな。反差別運動が使っていた理屈の中に逃げ込んでいるんですよ。ところが彼は大阪府知事のとき、あるいは大阪市長になってから、被差別部落に対する補助をバサバサ切った人間なんでもある。一方では切りながら、一方では逃げ込む。この矛盾した態度にあいつの本質があるんだよという、そこを批判しないといけないと思う。

被差別部落出身の父親を持っているとか、そんなことを批判するのは間違いだと僕は言っている。生まれたのには責任ないもの。生まれたことに抗弁できないじゃないですか。

照屋　そうそう。うん。

宮崎　だからこんどの事件では、「朝日新聞」の限界みたいなところと橋下の限界みたいなものと、両方が見えた感じです。たしかに、照屋さんが言われたように日本の戸籍制度というのは本当に重くのしかかっていますよね。

照屋　それはもう、日本の戸籍制度というのは特殊なもので、国際社会で日本の戸籍制度は特異じゃないですかね。それにしても、橋下という男は追い詰められたときの言い訳、自己正当化がうまいね。

宮崎　そういう点は見ておかないと。被差別の側から出てきた政治家というのは、意外と強権的になる。橋下もそうだったんでしょう。非常に厳しい差別の中で育ってきた人間が権力を持つと、その行使にあたっては無茶なことをやる可能性がある。被差別の裏返しになってしまう可能性が。それは悲しい性《さが》だな、と思っているんです。

じゃあ野中広務はどうなんだということにもなる。僕は本質的には橋下と変らないと思っています。リベラルのような顔をしていますけれども、けしてそうじゃない。そういう点で、被差別の側から出てきた人間というのは、逆に酷い支配をしてしまう可能性が高いし、現にそういうことが多いように思いますね。

「ヤクザをやめたら弁護してやる」

宮崎　暴対法改定にあたっては、照屋先生をはじめ社民党のみなさんにはがんばっていただき励まされました。照屋先生は弁護士でもあり、暴力団やヤクザがらみの事件なども取り扱ったことはあると思いますが。

照屋　私は四〇年以上弁護士稼業をやってきましたが、当初は刑事事件をずいぶんやりました。その中でもちろん私選、国選を問わず暴力団の事件もやりました。無罪を勝ち取ったケースも何件かあります。

僕の考え方は、暴力団であろうがそうでない人であろうが、権力に絡み、いわれなき人権侵害をいささかも受けてはいけない。特にヤクザ、暴力団だからという理由だけで裁判をまっとうに受ける権利を阻害されたり、あるいは裁判手続きにおける抗弁を保障されることが阻害されてはいけないと考えています。捜査段階、裁判段階全体を通じてです。暴力団に対しても、適正手続きの上で正義は実現をされなくちゃいかん。

したがってあいつは暴力団員だというような予見でもって、取り調べをしたり、裁判をしてはいけない、そういう考えです。

こんなことがありました。九五年、私が無所属で参議院選挙に立候補したときの話です。私はヤクザの弁護を頼まれて無罪を取った。人権派弁護士として評判も良かった。でも、おおかたの予想は現職の自民党候補に負けるだろう、というものでした。ところが勝ってしまう。それは良かったのですが、共産党も候補を擁立しましてね、その候補陣営が言うには、照屋寛徳は人権派弁護士といっても、彼が勝ち取った無罪事件はヤクザの弁護じゃないか、それはいかがなものか、と。今は、共産党とも仲良く政治共闘している。

宮崎　それと似た体験が僕にもあります。一五年ぐらい前のことです。チンピラヤクザが喧嘩だったか恐喝だったかで逮捕されるという事件があった。ところが、家が非常に貧しかったんですね。所属している組も、余りにも下っ端だから面倒も見ないというような状態だった。

そのとき家族から相談を受けたんです。金がないけどどうしたらいいかと。じゃあ一回、共産党の事務所へでも一回相談に行ったら、という話になった。で、お母さんと奥さんが共産党の弁護士の事務所に行った。すると、相手は「ヤクザを辞めたら弁護してやる」と。それで頭に来ましてね、じゃあ共産党員が窃盗したとして、共産党を辞めないと窃盗の弁護をしてやらないよと言われたら、あんたたち、どんな気持ちになるんだと言ってやった。結果は、私の知っている大学の同級生を弁護士にして、執行猶予になりましたけれども。

そういう人の線引きはやっちゃあいけない。国家権力がやっている線引きと、共産党がやっている線引きと、ほぼ同じことをやっています。基本的人権に対する根本的な考え方の差はない。共産党を辞めたら弁護してやると言われたら治安維持法と闘えなかっただろうと、僕は未だに怒っている。

照屋　そうですね。人は職業や社会的地位によって差別されてはならない。

暴対法改定に反対党が初めて登場

宮崎　昨年の国会で暴対法改正が成立したときに、社民党が反対で、あと数名反対がいたようです。ただ、これまでの暴対法に関わる国会審議というのは、ほとんど時間もかけなかった。説明、はい、起立多数、終わり、というので今までトントンと進んできたわけです。ところが今回初めて反対が出たんですね。

これまでは、まず暴力団と言っておけばほとんど反対も出ない、なかなか反対の声を上げにくい。その辺の政府、法務省、警察庁、これらの司法官僚の思惑というものの持つ危険性を、僕らはもの凄く感じていたわけです。ほとんどフリーパスで権利への制限がなされるような時代に入ってしまった、という感じがしているんですね。
それに対して、当然、ある程度の物事を考えてきてくれている人たちは反対の声をあげるんですけれども、どうしても、じゃあおまえ、暴力団に味方するのかというようなことを言われて、反対の声もあんまり大きくならない、という実情があるんですけれども。
ただ今回社民党が反対してくれたことで、問題提起はものすごく出来たと思っています。

照屋　おっしゃるように、十分な国会議論がないままに暴対法などが通ってしまう。宮崎さんがおっしゃるような状態があります。つぎは秘密保全法関連法案と報道規制などが出ている。
それから、風営法を改正してキャバレー等でのダンス規制の問題がある。キャバレーでダンスを教えることが買春行為につながるなんていうのは、何も知らない警察官僚のとんでもない発想ですよ。そういう風営法改正によるダンスの規制というのは、やっぱり暴力団取り締まりと同じ発想ですよね。警察権の、管理権限の強化をしていくということに繋がるんじゃないでしょうかね。

宮崎　風営法というのは問題になる法律だと僕は思っているんです。もともとね。風営法に基づく許可というのは警察が出すことが多いわけです。風営法に基づく許可と取り締まり、つまり、許可の権限と取り締まる権限を一つの役所が持っているわけですね。たとえば、許可の権限が保健所が持っている場合は比較的バランスが取れることがあるんです。だけど許可をする側と取り締まる側が一体の場合は、そこには非常に強権的なものが当然生まれてきますよ。
警察権限の問題で言いますと、こうした現象がけっこう多くなっているように思うんです。こちらもいつも見張っているわけじゃないんで、いつのまにか、「あれっ?」と思っていることがどんどん進んで行っている。

その中にあって、今回、法制審が二月の最初に出したのは、いわゆる捜査の可視化という問題とからんで、可視化と引き換えのように司法取引の導入を言ってきているわけです。これは官僚の大好きな「焼け太り」の考えなんですね。これは呑むけれども、これとは違った、より酷いものを認めなければ呑めないよという話です。

捜査の可視化というのは、いろんな冤罪事件が明るみに出て、検察と警察のやっていることの酷さが天下に明らかになって、国民的に可視化という要求が出てきたからですよ。ところが彼らはこれに正面から対応しようとしない。そんなことやったら捜査できないと不満たらたら述べ立てて、その代わりに司法取引を認めろよ、ということ。これは居直り、権力の居直りだと思っているんです。

じゃあ司法取引を百歩譲って認めた場合、可視化とどう整合するんだという問題が出てくる。司法取引なんかやれば、捜査の可視化なんか意味が無くなるじゃないか、ということです。そういう意見というのは全然出てこないですね。

照屋　そうですね。未だに警察は抵抗していますよ。

沖縄は諦めるわけにはいかない

宮崎　ところで照屋さん、民主党の三年三ヵ月というのは何だったんでしょうか。最初はみんな一応あれには期待しちゃったんです。しかしながら、結果はより酷いことになっちゃったという思い。あんまりだという喪失感を持っている。暴対法も消費税もみんなほとんどフリーパスの状態になってしまった。そういう点ではかなり絶望しているところがあるんですが。

照屋　僕はまだ絶望まではいきません。宮崎さんのおっしゃること、確かに民主党政権の弱さでもあったなと、率直に同意見ですが、今また巨大与党が誕生して、特に安倍総理が、解釈改憲、九六条改憲、明文改憲を言っているわけですから、僕は今巨大与党が進めている改憲策動の中で、やっぱり憲法の一つの柱である基本的人権の尊重、そういう立場から、あるいは今、非常事態条項とか国家緊急権条項を、憲法改憲の上に挿入すべきだと言っているわけでしょう。そういう中で国家緊急権、あるいは非常事態条項が作られると、国民の思想・表現の自由、等が著しく制約されるわけだから、これは今、国民が、あるいは政治が、このことを、私は真剣に議論するような状況になってくるんではないか、こういうふうに思っています。また、そうすべきなんです。

宮崎　そう思います。それから、民意と議席占有率の乖離の問題。自民党の得票率は落ちているのに議席占有率は七〇％近い。これは小選挙区制度の結果です。その結果として巨大与党ができた。ただ、この制度を導入するときの一番の謳い文句は、二大政党による政権交代可能な選挙制度だということだった。ところが、一君栄えて万民死す、みたいな結果になった。すでにもう政権交代できるような反対勢力というのは、ほとんど見あたらなくなってしまった。

僕たち抵抗的な人間にとって、抵抗するための「引っかかり」「とっかかり」みたいなものがなかなか見つからない。ちょっと現実離れした幻想かもしれませんが、五五年体制がなつかしいような気もします。旧社会党の抵抗があって、それが十分だったかどうかは別にして、やっぱり、対立している政治勢力が二つあって、そこで対立・拮抗していれば、互いにそう無茶なことはできないんですから。

照屋　私は、「基地の島沖縄」に生きて、日々、日米両政府による沖縄差別、そして国策による犠牲の強要と闘っているので、巨大与党が誕生しましたけれど、虚しさとか、あきらめるという状況にはありませんよね。そういう中にあっても、いかにして、ウチナンチュの人間としての尊厳を求めていくか、そして基本的人権の侵害を疎かにすることについては、それを許さないというのを、強固な意思で、弱い者が連帯をして、闘っていくしかないなと思っているんですが、宮崎さんがおっしゃる小選挙区制の弊害、民意と議席占有率の乖離、それはおっしゃる通りだと思う。

地元採用の警察官たちは――

宮崎　ところで沖縄県警というのは、警察庁で一本化した政策の中でやっていると思いますが、極端な人権侵害的な事件はあまり聞きませんが。

照屋　警察県権力による極端な人権侵害というのは、まあ、無いと言っていいんじゃないでしょうかね。

宮崎　できないんでしょうね。

照屋　できない。それはみんな顔見知りだから(笑)。

宮崎　それこそ共同体の問題ですよね、共同体意識の問題。

照屋　共同体意識もあるし、厳しい闘いの現場で、我々も厳しく対峙しますから。そういう中でもみんな思い思いに、対峙している機動隊員や警察官に声をかけているんですよ。「一緒にやろうよ。一緒に闘おうよ」って呼びかけている。

もちろん僕は警察権力に甘い幻想は一切持っていませんが、しかしそれが例えば闘いの現場に、いっぱい教師がいるでしょう、地元の。教え子に呼びかけるんですよ（笑）。

宮崎　地元採用でしょうからね、警察のほうも。まして、アメリカの支配の問題がありますから、共通する心情、心があるんでしょうね、どこかに。だから警察権力よりも強い権力が存在しているわけですからね。

照屋　それが県民の民意という力ですよね。そういう点はいわゆるヤマトと違うのかなと思います。

宮崎　違いますね。辺野古の問題にしろ「県ぐるみ」というときの「ぐるみ」の中には当然、警察官も入っている。意識の問題として入っているんでしょうね。

照屋　もちろん警察は米軍基地をガードするために規制に入ったりしますけどね。私どもも現に排除をされたりしますけど。この前も普天間の四つのゲートを完全封鎖をした。それに対して警備をしている機動隊にほんとに呼びかけてますよ。一緒にオスプレイに反対しようと。だから、いわゆる極端な手荒な規制はできないんじゃないでしょうか。

宮崎　そういう意味では、警察の理屈の逃げ所として、結局、暴力団取り締まりを言うしかないんですね。これを口実としていろんなことをやっていくしかか、ね。

ここにきて急速に統計的に出てきているのは警察官の不祥事です。一〇年ほど前に、不祥事発生がピークを迎えているんですが、去年はどうもそれを凌いでいるらしい。新聞報道でも取り上げられています。

不祥事の発生に比例して警察官の数も増えてます。ところが町のおまわりさんは減っているという。警察の役割としての、地域共同体の治安を守るという点では、日本の場合は交番制度がある。ところが交番に行かなくなっている。空っぽの交番が多くなっている。つまり、地域共同体を守るべきところの人数は削減して、そうじゃないところが増えている、という感じになっていて、警察自身の質もずいぶん変わり始めているんだろうな、と僕は思ってます。

歴史的には、七〇年安保を迎えるにあたって、大量に警察官を増やした。それがいま、定年退職を迎えるに時期になっている。おそらく警察機構としてもいろんな構造的な問題があるんでしょう。ヤクザや暴力団が取り仕切る世界に、それの取り締まりを口実に入り込んでいく、そういうことを考えていると思います。彼らの考え方は、より強固な権力を作っていこうということに、そっちの方向にどんどん傾斜していっているんだろうと思いますね。

地元の名士は郵便局長、巡査、校長先生

照屋　お話を聞きながら思い出したのですが、六〇年代前半までは、警官とは呼ばなかった。僕は地元の琉球大学に六四年に入学しました。そのころ、沖縄では一般的だと思うんですが、警官とは言わなかった。巡査、です。階級に関係なくみんな巡査。署長であれみんな巡査。そして巡査と校長先生と郵便局長は地域の名士。

宮崎　なるほど偉かったんですね。本土の場合は、あと、駅長さんなんです（笑）。

照屋　ああ、なるほど。

宮崎　国鉄の駅長さんというのはやっぱり地域の地元名士なんですよ。

照屋　うちは国鉄が通ってないから、やっぱり郵便局長、巡査、校長先生。

宮崎　私の小学校の同級生に国鉄の駅長の娘さんがいたわけです。先生がペコペコするんです（笑）。

何で先生がペコペコするのかなと思っていた。そうだったんですね、駅長も偉い人だったんですよ、地域のまとめ役としてはね。

照屋　そして、校長も、郵便局長も、巡査も、その地域共同体の一員として、協同作業、「ゆいまーる」のいろんなことを、行事にも参加するし、村芝居があれば校長も、郵便局長も、巡査も舞台へ上がる。

宮崎　なつかしいお話を聞く感じですね。僕らの六〇年代前半のときの共同体は、京都でも東京でも、下町では残っていた感じがあります。下から自主的にやっていた、共同体が生きていた、という記憶ですね。沖縄にはまだまだそれが残っているというお話、僕も励まされます。

同世代として照屋さんのがんばりに期待しています。今日は長時間おつきあいいただきありがとうございました。

◉てるや・かんとく

一九四五年七月、サイパン島米軍捕虜収容所にて生まれる。琉球大学法文学部卒。一九七二年、沖縄弁護士会へ弁護士登録。一九八八年、沖縄県議会議員に当選。一九九五年、参議院沖縄選挙区に当選。二〇〇三年、衆議院議員に初当選（現在四期目）。二〇〇三年〜二〇〇五年、社民党副党首。二〇一〇年より社民党国会対策委員長。

弁護士として、嘉手納爆音訴訟、刑特法裁判の弁護団、自治労、沖交労、軍警労、全駐労等の労働裁判を担当し、刑事事件で七件の無罪を勝ち取るなど人権派弁護士として活動。

国会議員として当選いらい、沖縄に軸足を据え、「ウチナーの未来はウチナーンチュが決める」との政治信念を貫き活動している。

弁護士は何を守るのか

第二東京弁護士会・依頼者に「暴力団関係者」でないことを確認

宮崎 学（作家）

第二東京弁護士会（二弁）が、会員の弁護士（約四二〇〇人）が依頼者に対して「依頼者が暴力団関係者でないことを確認させる書面」に署名させる措置を取らせていることが一部で波紋を呼んでいる。書面は、第二東京弁護士会会長宛てで、「暴力団等反社会的勢力ではないこと等に関する表明・確約書」との表題がある。

二弁所属の弁護士に依頼したい法人・個人は、「当社（自分）は反社会的勢力に該当せず、そうした者たちとの関係は将来にわたってないことを表明し、確約します」「法的な責任を超えた要求行為はしません」「守れない場合は解約されても異議を申し立てず」「損害を生じさせた場合は賠償します」などと書かれたこの「確約書」に署名・押印をしなくてはならない。

重大な憲法違反をはらんでいるが、法律の専門家であるはずの会員弁護士たちの大半が受け入れていると聞いて、驚きを通り越して呆れている。

たとえば、依頼する者が「反社会的勢力」であったとしたら、裁判を受ける権利はどうなるのだろうか。

裁判そのものを受ける権利は憲法第三十二条で保障されているので、裁判を受ける権利そのものは侵害されない。ただし、「弁護士は関与しない。すべて自己責任で本人訴訟でやれ」というわけだ。実務的には限界がある。

また、憲法第三十七条ではすべての刑事被告人が裁判を受ける権利を認められ、第三項では「刑事被告人は、いかなる場合にも、資格を有する弁護人を依頼することができる。被告人が自らこれを依頼することができないときは、国でこれを附する」とされているが、これはアウトである

弁護士会の確約書では、これができないのだ。法律の専門家が自ら法を破壊しているブラックジョークに異議をさしはさむ者が少ないことは、さらなるブラックジョークだが、笑えたものではない。幸いなことに問題視する弁護士も皆無ではない。応援したい。

「暴力団員に人権はない」

こうした「暴力団・暴力団員に対する人権問題」の動きは急に始まったものではない。以前から、日本弁護士連合会ほか各都道府県の弁護士会では民事介入暴力対策委員会（いわゆる民暴委員会）では、かなり過激に暴力団排除を進めてきた。

改定暴対法採決直前の二〇一二年六月十九日に開かれた参議院内閣委員会で参考人招致された日弁連・民暴委員会元委員長の疋田《ひきた》淳《きよし》弁護士は、「暴力団に関しては、憲法違反の問題は一切発生しな

い」と断言、「『暴力団員』とは、『身分』ではない。身分とは自分でなるものではなく、暴力団員は自らの意思で暴力団員となっているのであり、自ら離脱できる。暴力団員は自ら不法な集団に身を置き、不法な行為をしているのだから、人権は保障されない」と述べた。

「暴力団だから」と憲法まで無視してしまうのは、法律家としていかがなものか。

憲法だけではなく、さまざまな法律違反の可能性がある。弁護士法第一条（弁護士の使命）「弁護士は、基本的人権を擁護し、社会正義を実現することを使命とする」からして既に抵触しているのだ。

ところで、民暴とは何か。

弁護士登録後しばらくしてから第二東京弁護士会の民暴委員会に所属していた弁護士の安田好弘によると、弁護士の定義では、民事暴力を「民事執行事件、倒産事件、債権取立事件その他の民事紛争において当事者又は当事者代理人若しくは利害関係人が他の事件の関係人に対して行使する暴行、脅迫その他の迷惑行為及び暴行、脅迫、迷惑行為の行使を教唆又は暗示する一切の言動並びに社会通念上、権利の行使又は実現を超える一切の不相当な行為」となっている。

だが、安田は、この理解できなかった。

「法的トラブルには暴力はつきものであり、いわゆる『暴力団』だけによるものではない。あらゆるシチュエーションで暴力は起こる。なぜあえて『民暴』なのか」と安田は拙著『警察はここまで腐食していたのか』（洋泉社、二〇〇四年）に寄稿してくれている。

安田が民暴委員会に所属していた当時は、総会屋が幅をきかせており、総会屋対策が民暴委員会の仕事であり、弁護士たちはそれで莫大な利益を得ていたのだ。現在は総会屋が暴力団に変わっただけである。つまり、民暴はビジネスでしかない。

冒頭の「確約書」も、相談を受けた顧問先の企業の暴力団対策として配っているものと内容はほぼ同じであり、「企業に暴排を指導しているのに、自分たちは（暴排を）やっていないのはおかしい」と言い出したバカがいたのではないかと想像している。

いずれにしても、「職業的良心」という言葉は弁護士にすらなくなってしまったことは遺憾というほかはない。

個人用

暴力団等反社会的勢力ではないこと等に関する表明・確約書

第二東京弁護士会

会長　　　　　　殿

住　所

氏　名

昭・平　　　年　　　月　　　日生(　　　歳)

1　私は、現在又は将来にわたって、反社会的勢力＊（暴力団、暴力団員、暴力団員でなくなった時から５年を経過しない者、暴力団準構成員、暴力団関係企業・団体、総会屋、社会運動・政治活動標ぼうゴロ又は特殊知能暴力集団等、その他これらに準ずる者をいいます。以下同じ。）に該当せず、かつ、以下の各号に掲げる反社会的勢力との関係のいずれにも該当しないことを表明し、かつ将来においても該当しないことを確約いたします。

①反社会的勢力が経営を支配していると認められる関係

③反社会的勢力が経営に実質的に関与していると認められる関係

④反社会的勢力を利用していると認められる関係

⑤反社会的勢力に対して資金等を提供し、又は便宜を供与するなどの関与をしていると認められる関係

⑥反社会的勢力と社会的に非難されるべき関係

2　私は、自ら又は第三者を利用して次の各号のいずれの行為も行わないことを表明、確約いたします。

①暴力的な要求行為

②法的な責任を超えた要求行為

③取引に関して脅迫的な言動をし、または暴力を用いる行為

④風説を流布し、偽計又は威力を用いて貴会の信用を毀損し、又は貴会の業務を妨害する行為

⑤その他前号に準ずる行為

3　私は、上記各項のいずれかに反したと認められることが判明した場合及び、この表明・確約が虚偽の申告であることが判明した場合は、催告なしで貴会との取引が停止され又は解約されても一切異議を申し立てず、これにより損害が生じた場合は、一切私の責任とし、賠償ないし補償を求めないとともに、また、これにより貴会に損害を与えた場合は、その損害を賠償することを表明、確約いたします。

平成　　年　　月　　日

署　名　　　　　　　　　　㊞

＊犯罪対策閣僚会議「企業が反社会的勢力による被害を防止するための指針について」から引用

40

法人用

暴力団等反社会的勢力ではないこと等に関する表明・確約書

第二東京弁護士会

会長　　　　　殿

住 所

社 名

1　当社（当社の役員その他責任者、支店若しくは常時契約を締結する事務所の代表者及び経営に実質的に関与する者を含みます。以下同じ。）は、現在又は将来にわたって、反社会的勢力＊（暴力団、暴力団員、暴力団員でなくなった時から５年を経過しない者、暴力団準構成員、暴力団関係企業・団体、総会屋、社会運動・政治活動標ぼうゴロ又は特殊知能暴力集団等、その他これらに準ずる者をいいます。以下同じ。）に該当せず、かつ、以下の各号に掲げる反社会的勢力との関係のいずれにも該当しないことを表明し、かつ将来においても該当しないことを確約いたします。

①反社会的勢力が経営を支配していると認められる関係

③反社会的勢力が経営に実質的に関与していると認められる関係

④反社会的勢力を利用していると認められる関係

⑤反社会的勢力に対して資金等を提供し、又は便宜を供与するなどの関与をしていると認められる関係

⑥反社会的勢力と社会的に非難されるべき関係

2　当社は、自ら又は第三者を利用して次の各号のいずれの行為も行わないことを表明、確約いたします。

①暴力的な要求行為

②法的な責任を超えた要求行為

③取引に関して脅迫的な言動をし、または暴力を用いる行為

④風説を流布し、偽計又は威力を用いて貴会の信用を毀損し、又は貴会の業務を妨害する行為

⑤その他前号に準ずる行為

3　当社は、上記各項のいずれかに反したと認められることが判明した場合及び、この表明・確約が虚偽の申告であることが判明した場合は、催告なしで貴会との取引が停止され又は解約されても一切異議を申し立てず、これにより損害が生じた場合は、一切当社の責任とし、賠償ないし補償を求めないとともに、また、これにより貴会に損害を与えた場合は、その損害を賠償することを表明、確約いたします。

平 成　　　年　　　月　　　日

当社代表者

署 名　　　　　　　　　　　　　　印

＊犯罪対策閣僚会議「企業が反社会的勢力による被害を防止するための指針について」から引用

39

資料編

警察問題を知るためのブックガイド（順不同）

※は絶版。古書店で購入可。

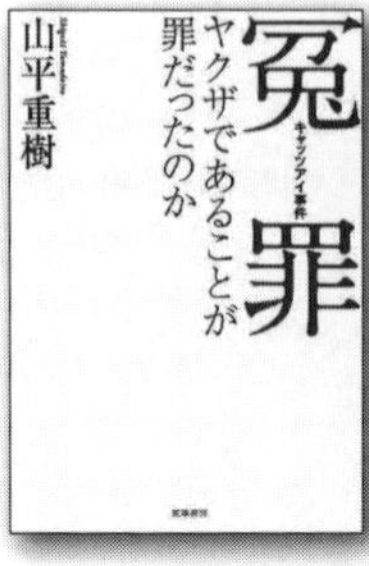

【捜査・冤罪】

『冤罪・キャッツアイ事件　ヤクザであることが罪だったのか』

山平重樹著（筑摩書房、二〇一二年）

一九八五年、尼崎市内のスナック「キャッツアイ」で店員（山口組関係者）が抗争相手の組員から銃撃された際に、一九歳のホステスが流れ弾を受けて死亡した事件をめぐり、殺人罪（教唆）で逮捕された川口和秀氏の裁判闘争のルポルタージュ。氏は無罪を主張したが、二〇〇一年に懲役一五年の刑が確定、一〇年暮れに出所している。（36ページに出所後に行われた宮崎学氏との対談を掲載しています）

『ショージとタカオ』

井手洋子著（文藝春秋、二〇一二年）

一九六七年の強盗殺人事件（布川事件）の被疑者として逮捕され、嘘の自白を強要さ

れて無期懲役判決を受けた桜井ショージと杉山タカオは、確定後も無罪を主張し続け、二〇〇九年に再審開始、二〇一一年に仮釈放されて無罪が確定した。

警察の取り調べや裁判のひどさは他の事件と同様であるが、「フツーのオジサンになるために」「めげない、あきらめない、立ち止まらない」を合言葉に奮闘する〝冤罪コンビ〟は微笑ましくすらある。本書は二人のドキュメンタリーを撮り続けてきた監督によるもので、映画はキネマ旬報、日本映画批評家大賞、文化庁映画賞文化記録映画大賞、毎日映画コンクールドキュメンタリー映画賞など数々の賞を受賞している。

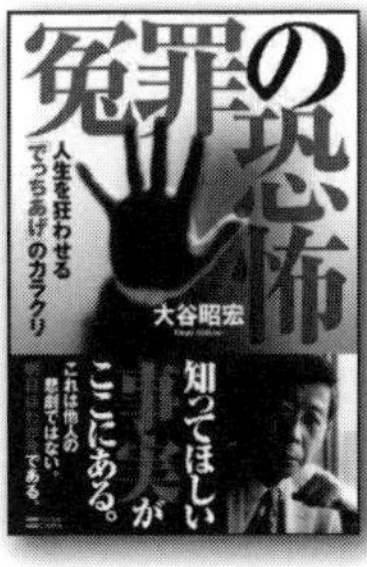

『冤罪の恐怖　人生を狂わせる「でっちあげ」のカラクリ』

大谷昭宏著（ソフトバンククリエイティブ、二〇一一年）

「冤罪とは、明日はわが身であることを知ってほしい」事件記者として四十年以上も現場を取材してきた著者による事件の検証。取り上げているのは、現職の厚生労働省局長らが逮捕された郵便不正事件（二〇一〇年に局長の無罪確定）とそれに関する大阪地検特捜による証拠捏造事件、そして足利事件（二〇一〇年に無罪確定）、布川事件（二〇一一年に無罪確定）、志布志事件（二〇〇七年に死亡者を除く一二名全員の無罪が確定）、高知白バイ衝突死事件（〇八年にバス運転手の有罪確定）と、いずれも重大な冤罪事件である。著者は、悲劇を繰り返さないために、国民が司法とメディアを監視しなくてはならないと述べている。

『踏みにじられた未来　御殿場事件、親と子の10年闘争』

長野智子著（幻冬舎、二〇一一年）

二〇〇一年、ある女子高生が「公園でレイプされた」と静岡県警に被害届を出したことで、十人の少年たちが次々と逮捕される。しかし、少年たちはまったく身に覚えがなく、物証も何一つなかった。しかし県警は、少年たちを詰問して自白を強要、せっかく主張したアリバイは女子高生の「被害を受けた日の日付けを間違えた」の一言で却下され、少年たちの有罪が確定する。

ウソをついているのは誰なのか。人気キャスターが迫る少年事件の深層。

『冤罪 ある日、私は犯人にされた』

菅家利和著（朝日新聞出版、二〇〇九年）

一九九〇年、足利市内で四歳の女児が殺害された事件の犯人として無期懲役の有罪判決を受けて服役、二〇〇九年に真犯人でないとして釈放された菅家さんの手記。ＤＮＡの再鑑定が決め手となったが、目撃証言などもずさんであり、当時の警察の捜査のあり方が批判された。

『「ごめん」で済むなら警察はいらない　冤罪の「真犯人」は誰なのか』

柳原浩著（桂書房、二〇〇九年）

二〇〇二年、富山・氷見市内で少女の強姦未遂の疑いで逮捕された著者は、無罪を主張するが、長期にわたる勾留と強制的な取り調べに耐えられず、虚偽の自白をしてしまう。アリバイや物証（現場に残された靴跡と本人のサイズが合わないなど）もあったが、捜査は強行される。

有罪判決が確定した著者は〇五年に出所するが、〇六年に別の事件で逮捕された男が「氷見の事件も自分がやった」と話し、再審開始が決定、富山地検の検事正が直接謝罪した。

だが、〇七年一〇月の無罪確定前に富山地検に呼び出された著者は「当時の取り調べ捜査官、担当検事を恨んでいません」などという内容の調書を意思に反して作成させられたという。警察庁はこの事件と志布志事件について再発防止のための資料を作成したが、奏功しているかは疑問が残る。警察と検察の捜査の問題点が浮き彫りになった一冊。

『あの時、バスは止まっていた 高知「白バイ衝突死」の闇』

山下洋平著（ソフトバンククリエイティブ、二〇〇九年）

二〇〇六年三月、高知市の国道沿いで高知県警の白バイと遠足中のスクールバスが衝突して白バイ隊員が死亡した事件で、バスの運転手が現行犯逮捕ののちに業務上過失致死罪で起訴される（後に有罪が確定）
香川県と岡山県の地方テレビ局「ＫＳＢ瀬戸内海放送」の報道記者の著者は、ある日、匿名の男性から、（有罪の決め手となった）「ブレーキ痕」が「警察の捏造」との通報を受ける。高知県内のマスコミからは相手にされないので、著者に取材を頼んできたのだ。この電話をきっかけに著者は片道三時間半をかけて高知に通い始めた。そこで摑んだ「事件の闇」を丁寧に綴る。
高知県内では全く報道されず、警察だけではなくメディアや検察、裁判所の問題点も指摘された労作。

『はけないズボンで死刑判決―検証・袴田事件』

袴田事件弁護団著（現代人文社、二〇〇三年）

一九六六年に味噌製造会社役員の自宅が放火され、役員とその家族四名が死亡した事件の捜査の問題点を弁護団が告発。犯人検挙を焦った静岡県警は、社員だった袴田さんを逮捕して長期にわたって勾留し、拷問で無理な自白を得る。裁判所も自白を重視して死刑判決が確定するが、捜査には多くの矛盾点があった。そして、袴田さんは現在も死刑囚として時を過ごしている。

『冤罪 免田事件』

熊本日日新聞社著（新風舎、二〇〇四年）

一九四九年一月に発生した強盗殺人事件の犯人とされて死刑判決を受け、三四年余の獄中生活を経て社会に戻ってきた免田栄さんの「事件」を徹底追求した渾身のルポルタージュ。逮捕はヤミ売春関与を免田さんに知られたと勘違いした警察官によるでっち上げとの説もあった。自白偏重の警察の厳しい追及に対して、読み書きがほとんどできなかった免田さんが字を覚えるところから再審請求が始まったのである。

『それでもボクはやってない――日本の刑事裁判、まだまだ疑問あり！』

周防正行著（幻冬舎、二〇〇七年）

痴漢冤罪事件をテーマにした同タイトル映画の監督による書き下ろし。シーンをカットした理由や裁判への疑問を語るほか、元裁判官との対談も収録されている。警察の杜撰な取り調べだけではなく裁判制度のあり方に迫る。映画は日本アカデミー賞、ブルーリボン賞、毎日映画コンクール、ヨコハマ映画祭、山路ふみ子映画賞、報知映画賞、日刊スポーツ映画大賞など多数の賞を受賞している。

【警察の裏金問題】

『わが罪はつねにわが前にあり』※

松橋忠光（オリジン出版センター、一九八四年）

クリスチャンだった元キャリア官僚による告発の書。著者は警察庁、福岡県警警備部長などを経て一九七五年に警視監で辞職した警察庁の大幹部であった。

タイトルは旧約聖書の詩篇にある「われはわが愆（とが）をしる　わが罪はつねにわが前にあり」から採られた。

本書は八四年の国会でも取り上げられたが、後に警察庁長官となる山田英雄ら関係者は、国会で「著者は相当な変わり者」「真実味に乏しい」「独自の思い込みと妄想としか言いようがない」などと答弁している。

「相当な変わり者」を大幹部に据える警察庁の見識はまったく問題にされず、結果的に裏金問題は黙殺されることになる。松橋は九八年に七四歳で死去しているが、その死を悼む者は多かった。

『警察内部告発者・ホイッスル・ブロワー』

原田宏二著（講談社、二〇〇五年）

現在は改題・再編集されて『たたかう警官』（角川春樹事務所・ハルキ文庫）として出版されている労作。北海道警の裏金づくりの実態が著者の懺悔も含めて生々しく綴られている。

「キャリアは決して泥をかぶらない。ましてや、カネの問題ではなおさらである。現在、道警に在籍するキャリアたちも、過去に在籍したキャリアたちも、裏金に関与したことはもちろん、存在自体も認めないだろう。キャリアは地元の幹部とそのOBにすべての責任を押しつけてくる。キャリアとはそういうものだ」

ノンキャリとして最高位に昇りつめた原田さんは、裏金作りに加担させられており、その苦悩や後悔が伝わってくる。本来は捜査で使われるはずの税金が裏金としてプールされ、その恩恵にあずかれるのは一部の幹部のみ。大半の真面目な捜査員たちは自腹を切り、時には道を誤ることもある。

原田さんは、〇六年に北海道議会で裏金について証言したが、証言の直前まで一部の記者から「今からでもやめられる」としつこく進言されたことも本書で明かしていることは興味深い。

『実録 くにおの警察官人生』
斉藤邦雄著（共同文化社、二〇一〇年）
『警察内部告発者〜』の原田宏二さんの告発に驚き、自らも道警裏金作りの証拠を公表する決意をした弟子屈（てしかが）署元次長。シラを切り続ける北海道警を追いつめた著者は、かつては警察学校の教壇にも立っていた。原田さん同様、警察の愛と真の警察官のあり方の考察にあふれている。

『警察幹部を逮捕せよ！ ―泥沼の裏金作り』
大谷昭宏、宮崎学、北海道新聞取材班著（旬報社、二〇〇四年）
『追及 道警裏金疑惑』 北海道新聞取材班（講談社、二〇〇四年）
原田宏二さんの告発を契機に全国で問題となった警察の裏金づくりの真相を追求した二冊。北海道警は道新の裏金問題報道に圧力を加え続け、道新の経営陣がその圧力に屈して「お詫び記事」の掲載に至った経緯など、メディアの情けなさも余すことなく記されている。
また、本書で名指しされた北海道警ＯＢの佐々木友善・元総務部長が二〇〇六年に損害賠償請求訴訟を札幌地裁に起こしている（一一年に原告側勝訴が確定）。

『警視庁ウラ金担当―会計責任者18年間の「仕事」』※

大内顕（講談社、二〇〇二年）

一八年間にわたって警視庁の会計担当だった著者による裏金作りの実態。年間数十億円もの裏金（もちろん税金）が動く警視庁の「驚愕の舞台裏」を経験をもとに実名で激白。毎月一億円にものぼる旅費は、個人には支給されずに課の金庫に直行し、捜査費すらも現場には渡っていないなど、裏金捻出とニセ帳簿作りのカラクリが暴露されている。接待と変わらないお手盛りの「監察」の実態も生々しい。

※講談社プラスアルファ文庫も絶版

【警察官の犯罪】

『なぜ警察官の犯罪がなくならないのか
元熱血刑事がテレビで言えなかったこと』

飛松五男（インシデンツ、二〇一三年）

著者は本書を「遺書のつもりで書いた」と話す。これまで話せなかった事実と苦悩をすべてさらけ出している。警察に限った話ではないが、不祥事が起こった場合は個人にすべての責任が押し付けられ、幹部は会見で頭を下げるだけだ。不祥事は、個人的な資質による犯罪よりも組織ぐるみの不正やセクハラ・パワハラなどの方が多いと考えられる。組織が変わらなければ、不祥事はなくならないのだ。スローガンだけの「改革」では変わることはできない。

『恥さらし　悪徳刑事の告白』

稲葉圭昭（講談社、二〇一一年）

覚せい剤取締法違反容疑と銃砲刀剣類所持等取締法違反容疑で有罪判決を受け、九年の服役を終えて出所した元エースの懺悔と告白の書。北海道警で「銃器対策のエース」ともてはやされた稲葉警部は、その裏で上司の指示により数多くの違法捜査に手を染め、愛人と覚醒剤を使用するまでになっていた。己の出世しか考えない警察幹部、その犠牲になる部下、そしてそれに追従するメディアの問題点が鋭くえぐられている。

『本当にワルイのは警察～国家権力の知られざる裏の顔』

寺澤有著（宝島社、二〇一三年）

警察のいうことはすべてウソ——長年にわたって警察不祥事の取材を続けてきた著者による日本の警察の実態。二〇一三年になっても警察不祥事は連日報道されているが、著者によれば実際には報道されない不祥事の方が多い。マスメディアとの癒着、幹部の腐敗を追及した一冊。

『殺意の時―元警察官・死刑囚の告白』

澤地和夫著（彩流社、二〇一〇年）

一九八七年に発売された手記の復刊。警察官を二十年以上も務めた死刑囚の懺悔録である。

警視庁を警部で退職し、周囲の反対を押し切って開店した大衆割烹の経営に失敗して莫大な負債を抱えた澤地は、一九八四年に元金融業者らと共謀して宝石商や金融業者を殺害、多額の現金を奪った。だが、すぐに澤地らは逮捕される。澤地を取り囲んだ十数人の警察官の中には二人の元同僚も含まれていた。

著者はこの手記で、遺族への冥福を祈りながら、「何が私を狂わせたのか」「事実関係を明らかにしたい」と書くが、「なぜ自分はこのような目に遭うのか」といったような記述が目立ち、身勝手さしか伝わってこない。

なお、著者は死刑確定後に執行されることなく〇八年に胃がんで獄死している。

『暴力団追放を疑え』

宮崎学（筑摩書房、二〇一一年）

行き過ぎた暴力団追放の背景に警察不祥事あり――以前からこのことを指摘してきたアウトロー作家による警察とヤクザの関係をめぐる諸問題の提起。自著を原作としたコミックが福岡県内で事実上の販売禁止になったことで提訴した国家賠償請求の経緯なども綴られている。

『白の真実　警察腐敗と覚醒剤汚染の源流へ』

曽我部司（エクスナレッジ、二〇〇七年）

著者は、「日本を世界一の覚醒剤消費国にしているのは警察組織だ」と断言する。日本の警察とヤクザ、中国やロシアのマフィア、さらには北朝鮮政府が関与する密輸の現場に踏み込み、マスメディアが決して報じない「真実」に迫る。

『警察はなぜ堕落したのか』

黒木昭雄（草思社、二〇〇〇年）

二〇一〇年に惜しくも自ら生命を絶った元警察官のジャーナリストによる「事件の背後にある警察の堕落の構造」。栃木リンチ殺人から桶川ストーカー殺人まで、住民の訴えを無視したために起きた凶悪事件を検証している。黒木氏の遺作となった小説『神様でも間違う』（インシデンツ刊）も興味深い。

『北海道警察の冷たい夏』※

曽我部司（寿郎社、二〇〇三年）

稲葉事件を追ったルポ。現職警部の覚醒剤使用容疑での逮捕というショッキングな事件が起こった北海道警察の闇に迫る。関係者の不可思議な自殺や幹部の責任放棄などを丹念に取材している。文章が若干読みにくいのが難点か。

※講談社文庫版（二〇〇五年）も絶版

『警察の闇 愛知県警の罪』※

宮崎学（アスコム、二〇〇七年）

福岡県警、大阪府警、そして愛知県警。ヤクザが強い地域の警察に不祥事が多いというのは、興味深い現実である。本書は、愛知県警がターゲットとする企業経営者の逮捕にメディアが加担し、証拠不十分のまま詐欺罪で関係者一五名を逮捕したものの、結局は起訴できずに微罪の傷害罪で社会的批判をかわした事件を中心に警察の利権漁り、捜査の失態、メディアの問題点を追及する。

『日本の警察がダメになった50の事情――神奈川県警、新潟県警、埼玉県警……警察不祥事はなぜ多発するのか』※

久保博司、別冊宝島編集部著（宝島社、二〇〇〇年）※

一九九九年、神奈川県警を皮切りに土石流のごとく報じられた警察不祥事の詳細と検証。出版から十年余りを経ても警察の体質はまったく変わっていないことに戦慄する。

『「不祥事続出警察」に告ぐ』※

佐藤道夫著（小学館、一九九九年）

著者は〇九年に物故。札幌高検検事長などを歴任し、四十年に及ぶ検察官生活を経て弁護士、参議院議員を務めた著者による警察不祥事の検証。厳しい批判とともに綱紀粛正を求めているが、警察は未だに答える気はないようだ。

『汚れ役』※

石神隆夫著（太田出版、一九九九年）

著者は、七三年に大学を卒業して証券会社に就職したが、七四年に警視庁に入庁、八三年に味の素に入社して総務部に配属された。右翼や今はほとんど活動が見られない総会屋の対策を担当、徐々に癒着を深め、九七年に商法違反（利益供与）で逮捕される。著者の行為は褒められるものではないが、警視庁在職中に特にアウトロー担当をしていたわけでもない「元警察官」に多額の現金と権限を与え続けた同社の企業責任はもっと問われるべきであった。

当時は総会屋対策として警察官が天下りすることはめずらしくなかったが、総会屋の活動が目立たなくなった現在は、「暴力団対策」として警察官が天下りしている。依然として変わらない警察と企業の癒着をうかがい知ることができる。

●「暴力団排除条例」の廃止を求め、「暴対法改定」に反対する表現者の共同声明
●我々は暴対法改定成立を認めない
●弁護士たちも反対の意思表明

「暴力団排除条例」の廃止を求め、「暴対法改定」に反対する表現者の共同声明

二〇一一年・平成二三年一〇月一日に東京都と沖縄県が暴力団排除条例（「暴排条例」）を施行した。その結果、全都道府県で暴排条例が施行されることになった。こうした事態にいたるまで、わたしたち表現者が反対の意思表明ができなかったことを深く反省する。

わたしたち表現者も、安全な社会を否定するものでは決してない。しかし、その「安全な社会」の実現を謳いながら、「暴排条例」は、権力者が国民のあいだに線引きをおこない、特定の人びとを社会から排除しようとするものである。これは、すべての人びとがもつ法の下で平等に生きていく権利を著しく脅かすものである。

暴対法は、ヤクザにしかなれない人間たちが社会にいることをまったく知ろうとしない警察庁のキャリア官僚たちにより作られた。さらに危険なことは、暴力団排除を徹底するために、表現の自由が脅かされることだろう。

条例施行以後、警察による恣意的な運用により、ヤクザをテーマにした書籍、映画などを閉め出す動きをはじめ、各地各方面で表現の自由が犯される事態が生まれている。こうしたなかで、金融、建設、港湾、出版、映画などさまざまな業界で、「反社会的勢力の排除」「暴力団排除」をかかげた自主規制の動きが浸透しつつある。萎縮がさらなる萎縮を呼び起こす危険が現実のものになっている。

いまからでも遅くない。暴排条例は廃止されるべきである。

こうした流れのなかで、新年早々から、一部の勢力が暴対法のさらなる改悪を進めようとしていることに、わたし

たちは注意を向けなければならない。

　かねて福岡県知事らは、法務省に対して暴対法の改定を求めて要請を続け、これを受けて警察庁は暴対法に関する有識者会議を開催して準備を始めている。

　そこでは、現行法のさまざまな要件の緩和、規制範囲の拡大が検討されている。昨年暮れには、福岡県知事らが暴力団に対する通信傍受の規制緩和やおとり捜査・司法取引の積極的導入を法務大臣に直接要請したことが報じられた。暴対法がこうした方向で改悪されるならば、表現の自由、報道の自由、通信の自由、結社の自由などの国民の基本的権利はさらなる危機に立つことになるだろう。

　ヤクザの存在は、その国の文明度を示すメルクマールでもある。たとえば北朝鮮にはヤクザはいないと言われている。戦前の社会主義者の規制が全国民への弾圧に拡大したように、暴対法は「暴力団」の規制から国民すべてを規制する法律として運用されることになるだろう。これは、わたしたちに「治安維持法」の再来を含めた自由抑圧国家の成立を想起させる。

　わたしたちはこうした動きに強く警戒し、強く反対する。わたしたち表現者は、自由な表現ができてこそ表現者として存在できるのであり、表現者の存在理由を否定し、「自由の死」を意味する暴排条例の廃止を求め、暴対法の更なる改悪に反対する。

二〇一二年・平成二四年一月二四日

我々は暴対法改定成立を認めない

二〇一二年・平成二四年七月二六日、暴対法改定案は衆議院本会議で「起立多数」により可決された。参議院先議のこの法案は、すでに六月二〇日参議院本会議で同じく多数決により可決済みであったから、これで法案は正式に成立したことになる。

私たちはこの結果をとうてい容認することはできない。

権力者たちは成立した法律やすでにある暴排条例を使って、国民のあいだに恣意的な線引きを行い、自らは高みに立って「排除社会」を既成事実として積み重ねようとするだろう。自由な表現に対する乱暴かつ具体的な介入は既に始まっている。

だが、私たちは屈するものではない。私たちは自由な表現が存在してこそ自らの存在を確認できる者だからだ。萎縮すること、自粛することこそ自らの存在を自ら否定することになると確信するからだ。

かねて私たち表現者は、暴対法のさらなる改定が、表現の自由、報道の自由、通信の自由、結社の自由などの国民の基本的権利を危機におとしめるものとして、二〇一二年・平成二四年一月二四日、「〈暴力団排除条例〉の廃止を求め〈暴対法改定〉に反対する表現者の共同声明」を発表し、世論の喚起と国会議員に対する説得・要請行動を行ってきた。その結果、「共同声明」発表に呼応するように、多くの弁護士たちが暴対法の改定に「反対」の意志を表明し、それは全国一五二名に及んでおり、その輪は成立後の現在でも広がりつつある。

また、多くの表現者、法曹関係者たちの協力で、ブックレットシリーズ「おかしいぞ！暴力団対策」が発行され、大きな反響をよんだ。シリーズ①『あえて暴力団排除に反対する』は五回の増刷を重ねた。シリーズ①②③の合計二万余の読者は、今後、権力者たちの乱暴な人権弾圧や、憲法上の自由を侵害することに対して有力な監視者となり告発者となるだろう。国会審議の過程では、社民党が公党として反対の意思表明をし、さらに改定法が成立した際の運用にあたっては人権に「配慮」する付帯決議をつけるよう尽力した。その方向で行動した無所属議員も少なくない。

これは二〇年前、暴対法が「全会一致」で成立したことを想起すれば明らかな変化である。

また、この国会審議に合わせて、五月三一日、六月一四日の二回にわたって院内集会「暴対法改定に異議あり」が開催された。ここには、表現者ばかりでなく幾つかの労働組合が参加し、労働現場や福祉などの現場に警察の天下りが増えている実情を訴えた。ここには国会議員も多数かけつけて参加者を激励した。

このように、「共同声明」発表以後の半年間、各方面で重要な変化があった。私たちはこうした変化に注目したい。新たに誕生しつつある抵抗の芽を守りたい。互いに助け合い、協力していきたいと希求するものである。また、警察権力による無謀な抑圧に対する対策として、電話による相談窓口を設けるなど、今後も具体性を持って徹底抗戦を続ける意志を示すものである。

二〇一二年・平成二四年八月二〇日

【賛同者】（アイウエオ順）二〇一二年二月一四日現在
青木理（ジャーナリスト）／猪野健治（ジャーナリスト）／植草一秀（経済評論家）／魚住昭（ジャーナリスト）
大谷昭宏（ジャーナリスト）／岡留安則（元『噂の眞相』編集長・発行人）／小沢遼子（評論家）
角岡伸彦（ジャーナリスト）／萱野稔人（哲学者）／喜納昌吉（ミュージシャン）／栗本慎一郎（有明教育芸術短期大学学長、評論家）／斎藤貴男（ジャーナリスト）／齋藤三雄（ジャーナリスト）／佐高信（週刊金曜日編集委員）／佐藤優（作家）／設楽清嗣（東京管理職ユニオン執行委員長）／鈴木邦男（一水会顧問）
須田慎一郎（ジャーナリスト）／高野孟（評論家）／高橋伴明（映画監督）／田原総一朗（ジャーナリスト）
辻井喬（詩人、作家）／西部邁（評論家）／日名子暁（ルポライター）／平野悠（ライブハウスロフトオーナー）
三上治（評論家）／みなみあめん坊（部落解放同盟）／南丘喜八郎（『月刊日本』主幹）
宮崎学（作家）／宮台真司（社会学者・首都大学東京教授）／山平重樹（ジャーナリスト）／若松孝二（映画監督）

弁護士たちも反対の意思表明

二〇一二年五月一一日、「暴力団排除条例」の廃止を求め、暴力団対策法の改悪に反対する意思を、以下一五二名の弁護士が表明しました。反対の意思を表明した弁護士は以下のとおりです（アイウエオ順）。

【賛同者】

青山友和／赤松範夫／秋田光治／浅井正／足立修一／阿部潔／阿部浩基／荒木和男／荒木貢／淡谷まり子／井口克彦／池谷昇／石田法子／石松竹雄／位田浩／市川守弘／伊藤明子／岩井信／岩月浩二／上田國廣／上原康夫／内田雅敏／浦　功／江島寛／江野尻正明／遠藤達也／及川智志／大川一夫／大口昭彦／大崎康博／大搗幸男／岡田基志／岡村正淳／奥村回／長部研太郎／小田幸児／織田信夫／角山正／笠井治／加藤克朗／加藤晋介／加藤高志／加藤孝規／加納雄二／亀田悦廣／川口和子／河田創／河村武信／河村正史／寒竹里江／菊田幸一／岸上英二／北潟谷仁／喜田村洋一／北本修二／木村修一郎／木村壯／休場明／久保豊年／黒田和夫／桑原育朗／古賀康紀／小島秀樹／小関眞／児玉晃一／後藤貞人／小林將啓／齋藤護／齋藤拓生／坂入高雄／坂野智憲／坂和優／佐藤典子／里見和夫／澤田恒／志賀剛／幣原廣／篠崎淳／柴田信夫／下村幸雄／下村忠利／菅充行／菅野昭夫／鈴木一郎／空野佳弘／高江俊名／髙木健一／高橋敬幸／高藤敏秋／髙見秀一／田中清治／田村公一／陳　愛／塚本誠一／辻田博子／恒川雅光／鶴見俊男／出口治男／寺崎昭義／遠山大輔／栃木義宏／富崎正人／内藤隆／中川瑞代／永嶋里枝／永嶋靖久／中谷雄二／中野新／中道武美／永見寿実／七尾良治／南郷誠治／二宮純子／丹羽雅雄／布谷武治郎／信岡登紫子／羽柴修／長谷川純／濱崎憲史／林千春／日隅一雄／弘中惇一郎／藤田充宏／藤田正隆／藤原精吾／舟木友比古／本田兆司／前田恒善／前田裕司／松井武／松原祥文／三上陸／水永誠二／三溝直喜／美和勇夫／武藤糾明／門間久美子／八重樫和裕／安田修／安田好弘／山崎吉男／山下俊之／山田有宏／山之内幸夫／山本志都／山脇哲子／横井貞夫／吉田孝夫／吉田恒俊／若松英成／渡辺千古／渡邊博

シリーズ　おかしいぞ！　暴力団対策⑤
冤罪・警察不祥事と暴対法

2013年4月10日　　初版第1刷発行

編著者　宮崎学
発行者　高井隆
発行所　株式会社同時代社
〒101-0065　東京都千代田区西神田2-7-6
電話　03(3261)3149　FAX　03(3261)3237
取材　長野圭
協力　ばいぶん社
組版　有限会社閏月社
印　刷　モリモト印刷株式会社

ISBN978-4-88683-742-4

シリーズ　おかしいぞ！暴力団対策①〜④　　好評既刊

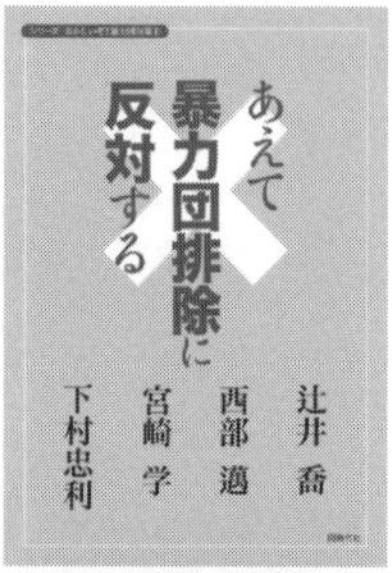

あえて暴力団排除に反対する

①ISBN978-4-88683-717-2 定価840円

■辻井　喬
危機にある、思想、言論、表現の自由

■西部　邁
この国が「大人」になるためには

■宮崎　学
なぜ我々は暴力団排除に反対するのか

■下村忠利
暴対法——法律家として発言する

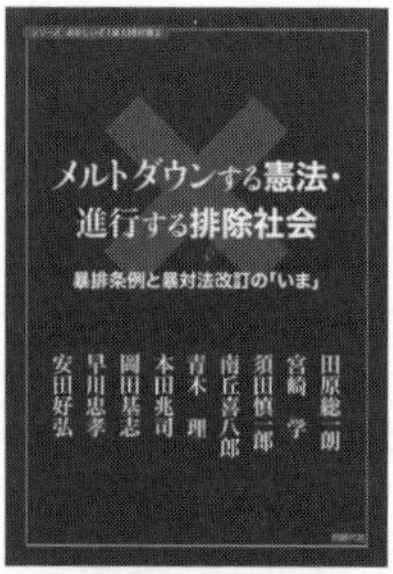

メルトダウンする憲法・進行する排除社会

暴排条例と暴対法改訂の「いま」

②ISBN978-4-88683-718-9 定価945円

田原総一朗／宮崎学／須田慎一郎／南丘喜八郎／青木理／本田兆司／岡田基志
早川忠孝／安田好弘

排除社会の現場と暴対法の行方

③ISBN978-4-88683-728-8 定価945円

亀井静香×又市征治×宮崎　学

青木理／小谷野毅／齋藤三雄／設楽清嗣／鈴木邦男／高井晃／田口圭
田原総一朗／照屋寛徳／宮台真司／村上正邦／吉田忠智

多発する警察不祥事と暴対法

④ISBN978-4-88683-735-6 定価945円

宮崎　学×原田宏二×休場　明×今井亮一×設楽清嗣

同時代社